陳琳 著

行走東南亞

臺灣商務印書館

目 錄

前 言

　　久居老撾(寮國)，我都要成老撾華人了。因為在老撾的華人中，到目前為止還拿著中國護照的人很多。如我的大姊吳妙蘭，是老撾婦女聯合會的財政部長。她出生在老撾，成就在老撾，但她至今仍持中國護照。

　　這是一個剛開發的國家，就如二十年前的中國，貧窮與落後伴隨著人們。但是這裏卻有一群樸實善良的民族，他們日出而作，日落而歸，與世無爭，從不計較個人得失。

　　每年4、5月我都要出去采風寫生，是因為這兩個月是老撾最熱的季節。為躲過這殘酷的熱浪，我習慣出去走走。一般都會到東南亞國家采風，收集油畫素材，瞭解當地人們的生活、文化和習俗，並將這些收集來的素材再加工，繪製成一幅幅精美的油畫。為了能幫助記憶，一開始我只是把采風中所遇之事和詳細過程記錄下來，便於我在油畫創作中不至於將某些細節搞錯，後來寫得多了，就寫起了遊記。

　　這幾年我行走在老撾的東南西北部，還到了緬甸、泰國、馬來西亞、汶萊；特別是泰國，我每年都會采風多次。

　　每一次的采風，都是對我藝術的一次提高，也能從中獲得很多的故事和繪畫作品，幾千幅鋼筆素描就是我創作的源泉。

　　行走東南亞，就這樣一路寫寫畫畫，回來再加工創作，手中的遊記竟然有了十幾萬字。

　　這些年來我寫的遊記一直都刊登在泰國《東盟雜誌》上。今年3月份結識了泰國《中華日報》副刊主編夢凌，在她負責的副刊上刊登了我的馬來西亞、汶萊遊記，並通過她認識了馬來西亞女作家朵

拉、汶萊作家一凡和慕沙夫婦，還有馬來西亞詩人吳岸。看著他們的文學篇章和文學修養，我羨慕不已；在夢凌的鼓動下，我重新整理這些年行走東南亞國家的遊記決定出版。

金色緬甸

■ 我獨自漫步在伊洛瓦底江畔，

看著那滔滔的江水奔流不息地向南流去。

曼德勒的江面與我出生地赤水河下游差不多寬窄，

河中輪船也與赤水河裏的「遵義一號」和「遵義二號」十分地相似。

勾出了我許多的思鄉之情。

我握不住畫筆，坐在那裏呆呆地看著這江水風雨兼程地奔向大海，

猶如那時光轉眼即逝一樣。

茵萊湖心金塔

畫於二O一一年三月

2011.5.6.

仰光大金塔的召喚

我獨自漫步在伊洛瓦底江畔，看著那滔滔的江水奔流不息地向南流去。曼德勒的江面與我出生地赤水河下游差不多寬窄，河中輪船也與赤水河裏的「遵義一號」和「遵義二號」十分地相似。勾出了我許多的思鄉之情。我握不住畫筆，坐在那裏呆呆地看著這江水風雨兼程地奔向大海，猶如那時光轉眼即逝一樣。

這是一個善良的佛國。與中國山水相連，唇齒相依。這裏的人民一向把中國人民當作是自己的「瑞苗胞波」，意為「一母所生」的同胞兄弟。該國著名史書《琉璃宮史》中就記載了這一美麗的傳說。所以在每一年的佛曆新年「潑水節」前的四月十三日就是這裏的「胞波節」。家家戶戶都要迎請居住在這裏的「中國人」到家作客。他們把這一風俗叫招待「親戚」。

這裏居住著五十多個民族，全國共有人口二百五十多萬。佛教在這裏已有兩千五百多年的歷史。早在釋迦牟尼時代佛教在該國就廣為流傳。根據《琉璃宮史》，釋迦牟尼成佛之後，為一切眾生說法四十五年，西元前543年2月月盈日拂曉時分，在拘屍那羅城末羅國王的娑欏園（沙羅雙樹林）內涅槃滅度。滅度七日，摩訶迦葉並五百弟子到來，向佛足膜拜。第二個七日，即2月28日，釋迦牟尼火化。火化之後各國國王都來迎請佛陀舍利建塔供奉。據說，當時有八個國王為分舍利之事而發生爭執，香姓婆羅門作為東道主從中調停，並主持分配。火化七日後即三月初五日，香姓婆羅門將佛陀舍利平均分成八份，被八位國王請去供養。

這裏的人們90%以上信奉佛教，其國內男人一生至少得有一次削髮為僧。這裏的人們認為修建佛塔會造福於來世，所以這裏現有大小佛塔十萬多座，不少都是純金塔身。

這是一個神秘的國度。歐洲人呼她「緬麥爾」，中國人稱她「緬甸」，泰國人則喚她「帕馬」。

緬甸是一個歷史悠久的文明古國，經過了蒲甘、東塢和貢榜三個朝代。自英併印度、法滅越南後，英恐法之勢力西侵，終於1886年占領了整個緬甸後劃歸於印度之一省，1937年擺脫了印度而直隸英政府管轄。第二次世

界大戰日本又占領了緬甸。民族獨立運動接踵而起，英政府不得不交出部分政權許其自治。遂於1946年成立緬甸臨時政府，遲於1948年1月4日脫離英政府之羈絆，成立了緬甸聯邦共和國。

2011年4月，我有幸獲得緬甸政府簽證前往該國采風寫生。了卻了我多年來的一個心願。

當飛機在5月1日從泰國的清邁降落在仰光的地面上。迎面撲來的是印度洋濕潤的空氣，給人以清新的感覺。

這仰光很美，她並不像曼谷那樣高樓林立。她是一種生態美、環境美。一輛計程車用了較長的時間將我送到了唐人街，這裏就是海邊了。仰光有好幾萬華僑，大多都居住在唐人街。從唐人街往前走就是印度街了，那裏也很熱鬧。仰光的華人以福建人居多。因此這裏有福建廟、廣東廟等等。

5月2日一大早，我嘴裏不停地念叨「瑟德公辟亞・朵爾門」（緬語「去大金塔」），直到上了一輛公車。售票員過來時我就小聲地對他說「瑟德公辟亞・朵爾門」，於是遞給他一千五百緬幣，售票員看了看我後用手指了一下前面座位上的一位緬甸男子說：「他已經為你付了車費，還為你交代了下車的地點。」我感到突然，於是就將手中的錢遞給那位陌生的緬甸人，這男子不收，一定要為我付款，我只好雙手合十向他道謝。

我感覺這男人很得意也很開心，滿臉的笑向我還禮，於是我也就放心地領受了他的施捨。過了前面一站男子向我施禮下車去了。公交車到達大金塔站時，司機和售票員下車為我講明了上山的路後才揮手將車駛出。我順著他們的指引從一條巷子上了山。

前面的一大奇觀，讓我倍感震撼，原來這就是仰光大金塔。仰光大金塔是緬甸佛塔中最具特色的了，其主塔周圍建有許多的小塔，烘托著主塔而形成氣勢宏偉的佛塔群。據緬甸人介紹，這座大金塔建於兩千多年前，塔身高99.36米，基座周長427米，塔群占地面積56,656平方米。塔身呈座鐘形，塔頂尖聳，上加寶傘。

在仰光公共汽車上為我主動地代付車費並向服务提呼到了地点而是要提醒我下車的緬甸陌生的客人
陳延坤寫法去大金塔途中
2011.5.2

陳輝學於仰光大金塔
chen L 2011.5.3.

整個塔體鑲貼滿純金箔三萬多塊,重達七噸。塔頂由黃金鑄成,上鑲嵌罕世鑽石和寶石一千五百多顆,塔尖懸掛著數以千計的純金銀風鈴,主塔四周有六十四座小塔和多座佛堂亭榭。整個金塔流光溢彩,金碧輝煌。

緬甸人將仰光大金塔看為緬甸佛塔之代表,視為民族文化之象徵。

我在這裏左一幅右一幅的畫了許多速寫,離開時卻找不著原來的入口。因為我的鞋和襪子都還放在了入口處。正在為難之時,一位和尚將我送下山去。工作人員給我送來擦臉的毛巾,還替我洗腳穿

鞋，幫助我找車回去。我真的感到有些尷尬，同時也體會到了緬甸人的熱
情。

　　仰光的街頭和海邊使我獲得了幾十幅速寫，接下去我要乘車前往緬北的
東枝。這是我出發前法國大使館的朋友反覆交代的。囑咐我一定要去茵萊
湖看看，說那裏會給予我更多的啟發和靈感。

茵萊湖的歌聲

　　東枝是緬北高原的一座較大的城市，在高山之上。這裏市場繁榮，人民
安居樂業。

　　上街速寫人們睜著大眼睛看著我，就像看猴子耍把戲。許多人主動地為
我充當模特兒，還有人為我買來水果和飲料，我高興地邊吃邊畫。

　　有人問我是做什麼生意的？我說我不會做生意。他很吃驚地搖搖頭說：
「不會做生意那你怎麼生活？」然後一甩手就走了。

　　是的，緬甸人是很會做生意的，在孩子出生會行走後便
送去廟裏做和尚接受教育。每天清晨赤著雙腳沿道化
緣，使其從小就體會到每餐每食都是眾生所賜。同
時和尚也教給孩子們文化知識。稍長大了一點，家
長又將其送去學習做生意。小小的年齡就具備了生存
的能力，真是難能可貴。

　　我覺得肚子有點不太舒服，也許是白吃了
許多人家的東西吧，急急忙忙地告別他們回
旅館休息了。

　　從東枝出發前往茵萊湖，旅館老闆要我當
天遊完湖後再回到東枝休息。我考慮再三，
還是決定背上行李去茵萊湖。因為我第一次
來緬甸，各方面都不太熟悉，況且寫生也需
要一定的時間。

　　車上認識了一位仰光外國語大學的畢業生
Khim Lay Ko和她的男朋友Htet Thu Linm。

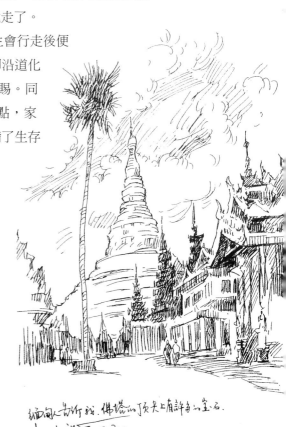

緬甸人告訴我，佛塔的頂尖上有許多的寶石。
ChenLi 2011.8.2.

3天安中的忙像小和尚
仍走過我師NB
陳林寺於緬甸車枝
chenLin 2011.5.4.

Khim Lay Ko的中文很好，於是我與他們結伴遊湖。我們三人用了兩萬塊緬幣租得一艘機動船遊覽湖心。湖面很寬，機動船用了近一個小時才來到湖心。這湖心居住著很多的居民，各種建築林林總總。湖心金塔高聳屹立，金光閃閃更是顯得富麗堂皇，船身穿行在由水葫蘆組成的水巷中，一種水草腥味撲面而來，讓人心曠神怡，不虛此行。我們三人隨船來到各個景點，在佛塔前稍作停留。

湖心佛寺寧靜優雅，偶爾一聲輕輕的磬鳴。遊客有燒香祈福的，也有四處攝影留念的。天真平淡，讓人樂不思蜀。

佛寺對面有一教堂，遊人多時高分貝喇叭高奏「哈利路亞」。歌聲陣陣，倒叫人感到上帝總是與人同在。

我將在茵萊湖的岸上留住幾日。Khim Lay Ko和她的男友幫助我找了家旅館後才坐車返回東枝城。

緬甸人民非常的勤勞，生活節奏較快。每一個人都忙於自己的工作，幾乎看不到有閒散的人。

茵萊湖心佛寺
陳林寺於二〇一一年五月
chenLin 2011.5.6.

緬甸茵萊湖心金塔
陳筱草於二〇一一年五月
chen 2011.5.6.

　　翌日，我獨自一人租用了一隻小船在茵萊湖中走走停停。船裏有較寬的空間供我一人使用。雖然偶爾有些晃動但也按抑不住我內心的激動。我手中的鋼筆似乎也很高興，非常流利地在我的畫紙上留下了許多珍貴的線條。只後悔我所帶的紙頭太少，不到半天就沒畫紙了。翻遍了全身的口袋、車票、地圖、住宿單等都留下了我的記錄。最後我還是沒有膽量在我的護照上亂來，只好將衣服脫下，畫個滿滿的誰也看不懂的東西。

　　我會用水草吹口哨，響聲震耳。哨聲一出，分貝極高，穿透力特強，方圓兩公里外都能聽到。船老大是一個二十來歲的小夥子，一整天都讓我教他吹口哨，但始終都沒有學會。原因是我沒有將這其中的訣竅告訴他，「教會徒弟餓死師傅嘛。」我的方法是吸，從口中突然爆發的一吸，自然也就響聲震耳了。而船老大是吹，當然也就學不會了。在往後的幾天，船老大和一幫茵萊湖的小夥子一直都在找我，要我傳授密招。在我最後離開茵萊湖時我才將訣竅告訴了他們。如果你有機會去緬甸茵萊，聽見這震耳欲聾的尖聲口哨，那都是我的徒子和徒孫們。

　　茵萊湖是緬甸第二大的淡水湖，面積116平方公里。這裏的人們世世代代都生活在水中，是名符其實的水上民族。他們會在水草上種植蔬菜和瓜果，在水草上建房搭樓。一條條用水葫蘆隔開的水道就成了他們的水上公路。無數亭臺樓閣就分布在這些公路的兩旁，十分地別致。

　　我們穿行在這些水道之中，烈日當空下但並不覺得有多熱。直到晚上我才發現這茵萊湖水已經在沒有先徵求我的意見下悄悄地將我的膚色由橄欖

茵萊湖心
陳嫦華於緬甸
chen 2011.5.6.

綠染成了土紅色。我並不覺得我的膚色被染錯反而還非常高興地接受了這一顏色，這是一種健康的膚色！也是我在繪畫中常用的一種顏色。乍一看我還真像當地的緬甸人。這說明我更加健康，有了健康的身體才有我藝術的追求嘛，這是我的好朋友們常常告誡我的。

在這茵萊鎮寫生幾天，老天似乎始終都在與我開著玩笑。一會兒晴一會兒雨的沒完沒了，剛剛收拾好畫具準備回去，太陽又嬉皮笑臉地重新露出了燦爛的面容。烈日當空，明暗對比強烈。我捨不得如此美麗之景，坐下來再畫。沒動幾筆的功夫，雨又來了。反覆無常，弄得我哭笑不得。於是我預訂了前往曼德勒的汽車票。

尋寶曼德勒

曼德勒的氣候比起東枝炎熱了許多，我在市中心的鴻運賓館住下了。老闆叫李先和，他給我講起了他的創業史。他的父親是中國雲南騰沖人，抗日戰爭時期隨中國遠征軍來到了緬甸後就沒有再回到中國。三十多年前他用自行車在泰緬邊境販賣玉石而起家，後又做起了柚木生意，就這樣發達了起來。買了地蓋起了這座賓館。賓館整潔，房間寬敞，舒適宜人。老闆將他在創業時用的自行車借給了我，讓我能夠隨時騎車作畫。老闆說，他捨不得丟下這輛幾十年前給他帶來財富的工具。我高興地用手撫摸這輛老掉牙的車子說：「也讓我沾上一點財氣吧。」老闆告訴我他想回中國學習先進的賓館管理知識。

我去了曼德勒的玉石市場，這裏聚集著許多尋找寶藏的人們。他們慧眼識寶，能看出石頭裏面的寶物，這是一門深奧的學問。隔行如隔山，我不懂得這方面的知識，於是也就看看熱鬧罷了。其實我也與這些尋寶人一樣，也是來緬甸尋找「寶物」的。我在這裏畫了幾幅速寫後汗流浹背地回到了賓館。

稍作休息，已是傍晚時分，我騎車來到伊洛瓦底江畔。夕陽映照在江面上，蕩出層層金光閃閃的波紋，就像緬甸的千萬佛塔頂尖上的寶石一樣，閃耀出希望的光芒。一個牧童倒騎在牛背上唱著牧歌從遠處走來，幾位婦女頭頂著什物，苗條的身材伴著富於節奏的行走，讓人陶醉在這如同仙境般的場景之中。真是太美了，美不勝收。我呆呆地看著這群「仙女」與我擦身而過，放下了手中的畫筆，因為此時此刻我這雕蟲小技無法表現出這神仙般的景色。感歎這藝術絕不可狂妄自大，「山外青山樓外樓，強中還有強中手」啊！

曼德勒的近郊還有三座城市，我沒時間一一地觀賞。我和上海來的趙先生行走在英宛的小道上，兩邊的樹林緊緊地擁抱，成群的白色牛群靜靜地在草地上用餐，烈日之下更讓人感覺清心涼爽。

烏本木橋直叫人乍舌，如此寬闊的河面上架設這一比南京長江大橋還要長的純木結構橋樑，這還是幾百年前的傑作呢！幾十米長的柚木橋墩，我不知道當時的緬甸人是如何將它們豎在了河中央？

夕陽落在了橋頭的城堡，霞光滿天，輝映在長長的木板橋面和行人的身上，河裏小船中趕鴨人聲聲吆喝，一切都那麼地讓人留連忘返，久久不願意離開。

清晨五時與上海東方明珠集團的趙先生上了從曼德勒開往蒲甘的輪船。太陽還沒有從睡夢中醒來，船上早已熙熙攘攘，擠滿了乘船的緬甸人。外國人的座位靠近船頭，船員領著我們並安排了座位。我身旁緊挨著幾位緬甸婦女，她們送給我一串香甜可口的葡萄，我不客氣地把葡萄都吃了。

這是一艘慢行船，幾乎每一個碼頭

緬甸曼德勒
玉石交易者
陳朴寫於曼德勒
chen 2011.5.8.

都要停靠，這讓我又想起了赤水河。童年的河中也是如此般地熱鬧，此時此景令我回憶往事。我今天不想畫畫，只想看看熱鬧，與趙先生說說話、聊聊天。

伊洛瓦底江面如同中國的長江越走越寬，奔流不息。江水總是後浪推著前浪，江兩岸的景色好似非洲的叢林，高高的棕櫚樹只伸張著幾片葉子。河床上不時出現幾輛牛車，巨大的柚木軲轆占據了整個車身。倒叫人深感那斷臂「維娜斯」之遜色。

趙先生頗於健談也獨具個性，一台照相機，一支手錶和一個背包陪他走遍了整個東南亞。雖然他自我介紹是個人情趣愛好，純屬遊玩。但這高雅的興趣卻真的讓他的人生增添了許多的色彩。

已經十五個小時的船行，江面如同長江入海口南通段的寬窄，江水滔滔一望無際，幾十根剛建設好的橋墩謙虛地站在江中，夯實的身材如同座鐘，鐵橋正在架設之中。近幾年緬甸的發展迅速，各方面都凸顯了這個國家獨立自主的個性。人民忙於工作，有條不紊地跟隨著世代的步伐向前邁進。

天早已黑了，伸手不見五指，只有船艙裏燈火通明。在幾聲響亮的汽笛聲中輪船才遲遲地停靠在蒲甘娘烏鎮的碼頭上。我們提前背上了行李，船一靠穩就立即跳了上岸。在碼頭上我們用了十塊美元辦好了進入蒲甘的手續，這就是門票了。它是一張似同信用卡的卡片，在以後的住宿和遊覽都能派上用場。兩人用了一千緬幣租得一輛馬車，馬車夫幫助我們在娘烏鎮找好了旅館後再與我們談好明日仍租用其車進入塔群。

千萬佛塔煙雲中

蒲甘由三個鎮組成，即娘烏、發雅和蒲甘鎮。這裏曾經有過輝煌的歷史。這個被譽為亞洲三大佛教遺址之一的蒲甘，根據記載十三世紀全盛時期有大小佛塔與佛寺共五千多座。後經無情的戰火蹂躪，加上1975年可怕的大地震，經過一番修補，外貌無損和屹立不倒的還有兩千餘座。這兩千餘座佛塔與佛寺，卻無一雷同，圓頂的、尖頂的、沒頂的都有。進入寺中，又是另一種感覺，大小的磚石或橫或豎平地而起，堆砌成壯觀而莊嚴的佛像。目前散布在伊洛瓦底江兩岸的大片佛塔與佛寺，都統歸於世界文化遺產，是受嚴格保護的歷史古蹟。可想而知，當知這伊洛瓦底黃金水道曾給予緬甸人民帶來了盛世的繁榮。

馬車穿行在塔群之中。我就像將軍檢閱三軍一一巡視。我攀爬上一座塔頂對著塔群振臂高呼，感覺塔群群起呼應。一絲快意湧上心頭，揮手致禮後雙手合十，感慨這造物者的偉大。一位緬甸小夥子站在塔下問我：「為什麼犯神經？」我說這是因為我很高興。他說：「你高興我也很高興。」

蒲甘王朝始於849年，到了1044年在阿努律陀國王登基後，蒲甘進入了鼎盛時期。虔誠的國王以小乘佛教為國教，並制定出多項的建國規劃，在以後的二百五十年裏以至王朝沒落為止，一個國王緊接著一個國王地在這富饒的伊洛瓦底江邊，不斷的建造佛塔及寺廟，美和偉大就這樣日漸形成。國王一聲令下，砍下了樹木燒製出這火一樣紅色的磚頭，再鋪疊成精神信仰的千姿百勢。的確，這塔群中就是沒有一座相互雷同的佛塔，怎不叫人深深地感觸蒲甘人民的大智大慧。馬車穿行在塔與塔之間的叢林小道，一座宏莊的金字塔出現在我們的眼前。我驚奇這古埃及「胡夫金字塔」何時

移民到了蒲甘？卻沒有人面獅身守候在塔前。

看見蒲甘這樣的古蹟遺址，我忍不住就要驚歎，是一種什麼樣的力量和魄力，成就了這永遠的偉大。我們今天看見的只是當年的極少部分，據說皇城及民居都是用柚木建造，自然早已消失。歷史也曾記載一位國王為了阻止成吉思汗的入侵，拆掉一千多座佛塔以構築工事。二十世紀初，從西方來的「探險家」又剝下珍貴而精緻的壁畫，拿走生動的雕像，大多都安

放在了柏林的博物館裏。1975年的一場大地震，毀壞不少塔群。

我虔誠地脫掉鞋襪進入塔中，一位深棕色少年向我走來。詢問我是不是中國北京人？他自我介紹說：「我母親是當年的北京支邊知青，在雲南瑞麗一所農場工作。後跑來了緬甸就

再也沒有回去過北京。」問我北京是不是很大？我說北京很大很大，也很美很美。她正在等候你和你的母親回家。孩子流下了思鄉的眼淚。

這位孩子的名字叫楊文春，喻意文革中的一個春天。高高的個子漆黑的皮膚，一雙大大的眼睛似乎期盼著親人的消息。他向我介紹這金字塔建於1163年蒲甘後第三代國王，名為「娜拉都」，由國王出資親自督建。是蒲甘塔群中最大的佛塔了。建築過程中磚與磚之間的黏合是用糯米、樹脂、糖漿和牛奶調製而成。這國王非常地兇惡，為搶奪王位弒父殺兄。在陰謀得逞後又心存懺悔，因此建塔以紀念其父兄。這塔中的兩尊巨大的佛像，一尊是國王的父親，另一尊就是他的哥哥了。所以國王對此建築質量也就相當地嚴格。要求磚與磚之間不能有空隙，要針插不進。為其防地震還要在塔牆中放入上好的沙石豎柱。然後國王還要一塊磚一塊磚地親自檢查，如發現一絲空隙，立即將藝人砍手殺頭。國王在其父兄的塑像前豎了兩塊砍手與殺頭的石墩，讓其父兄能親眼目睹他的「忠心」。石墩現還留下十幾公分深的刀痕，可想而知為建這一佛塔曾死殘去了多少的工匠。

1165年印度入侵，這位國王在一次戰役中戰死，所以這座塔終未完工而沒有了頂則成金字塔形狀。的確如此，在1975年大地震中，蒲甘王宮倒塌無存，而這金字塔卻安然無恙。

天邊殘陽一抹如畫，夕陽無力地落在了「金字塔」身後的伊洛瓦底江中。火紅的餘暉點燃了千萬佛塔頂上的火焰，好似支支蠟燭在燃燒，流出那滄桑歲月蹉跎的眼淚。或許這就是過分的投入則是衰敗的開始，正如歷史上任何奢華的王朝。失去了根的土地，泥土流失，綠意絕跡，這塊土地也就自然遺棄了這群生活在這裏的人們。當然更直接的理由還是，1287年成吉思汗的入侵結束了蒲甘王朝，一個曾經輝煌的王朝就只剩下這寂寞而華麗的身影。

力爭于王位.
三代國王弒父殺兄，心存懺悔，因以建塔
記其父兄。塔未完工就被印度來了，續此這塔之金字塔形狀
陳林峰 於蒲甘 2011.5.12.   是最莆甸最大的佛塔了.

如親的緬甸

從蒲甘出發返回仰光的途中，整片整片的棕櫚叢林讓我再一次感受了這充滿熱帶風光的景色，怎不叫人深醉如泥。

汽車司機不停地播放中國音樂，雖都是用緬語演唱，但還是讓我們倍感親切。我和趙先生隨樂曲附唱，高興極了。

緬甸全國的高速公路正在建設之中，全封閉的管理模式有點像中國的高速公路。道路平坦舒適讓人心情愉快。通過這段時間的親自走走看看，我發現緬甸的流動人口也是相當大的。人們南來北往，甚似忙碌。國家正處於全面的基礎建設之中。一個有進取心的民族是戰無不勝的。各種的壓力將會再一次讓這個偉大的國家騰飛。自力更生，一派欣欣向榮的景象讓人深刻地體會到緬甸人民不屈不撓的民族精神。就如同這個國家眾多的佛塔一樣，堅定的信仰始終都會頂天立地。雖經過無數的戰火蹂躪和自然災害的侵襲也摧不跨這民族的精神。

我預訂了返回曼谷的機票。近一個月的旅程我終於真正地感受了這富於濃厚人情味的國度中人民的樸素與善良。

仰光市中心有一座名為「蘇雷」的金塔，輝煌中帶著幾分的秀氣。來這裏朝拜的善男信女非常地多。我信步步入寺中，一位少女嘴裏念著佛經攔住了我，是因為我又忘記了脫去鞋襪。我抱歉地光著腳丫上了佛塔的台階，心中帶有幾分地懺悔。

金黃色的佛塔在雨後的陽光映照下更顯得輝煌奪目，佛光四射。伴著陣陣人們低聲地吟誦佛經，一派虔誠和諧之景象。

是的，這佛塔的對面就是一座基督教堂，今天是星期日，教堂內傳來陣陣的歌

聲。那些上帝的兒女們正在高歌讚美「耶和華」的恩典，祈求世界的和平。

我離開了佛寺走進了教堂，我發現這裏上帝的兒女們大多都是十七、八歲的小青年。臉上都泛出一種天真喜樂的表情，他們遞給我一本歌曲書，但都是緬文。我睜大眼睛不認識半升，於是也站在那裏閉目享受這音樂。我濫竽充數地將歌本打開張大嘴巴裝出一副唱歌的樣子，說不定還可以混得一餐中飯。好像這些上帝的兒女們並不在乎我會唱還是不會唱，只一古腦地陶醉在那歌聲之中。於是我悄悄地離開了教堂進入了佛塔側面的一座清真寺。穆斯林們雙手舉過頭頂願真主降福於人類，讓我不由自主地也跪倒在地，學著他們的樣子也用五官親吻大地。

就這不足50平方米的方圓聚集了世界三大宗教儀式場所，不同的信仰都在同一時間裏祈禱著同一內容的訴求。這不就是和諧之聲嗎？

天剛濛濛亮，旅館的服務員已經幫助我找好了去往國際機場的計程車。出租汽車穿行在清晨的仰光大街上如同在森林中奔馳，心中倍感舒適也讓我帶有幾分地悲情。是因為我即將離開這風景如畫人情如親的國度，留下的記憶總會讓我久久地思味。

仰光整個都市略大過泰國的曼谷，卻沒有多少的高層建築。眾多的豪華建設大多都隱藏的綠樹之中，到處都散發出一種熱帶自然之氣息，怎不叫人感觸深刻。我趴在緬甸航空飛往曼谷飛機的視窗上，深深地看了仰光最後的一眼。試圖要將這一印象刻記在腦子裏。輕輕地說了一聲「再見了，美麗的仰光。再見了，金色的緬甸」！

這次采風完成了我二十多年前的一個願望，心中這個長久的包袱終於放了下來。感覺全身輕鬆了許多，大腦也似乎清醒了過來。「世事如虛，轉眼灰飛煙滅」。我拿著相機在空中盡量多地將緬甸的景色拍攝下來，哪怕就是一朵雲彩，也讓我倍感這深具人情味的國度。我是否還有機會重返這個佛國？這也要等待上蒼對我如何的安排。

曼谷的朋友為我洗塵，問我是不是從非洲回來。不錯，強烈的紫外線改變了我的膚色，也增添了我對於人生的看法。眼見為實耳聽為虛，一切都應該自己親身去體驗。雖然在仰光的海灘我蹚了一趟這印度洋渾濁的海水，但仍覺得不虛此行，倍感耳目一新。聽到了許多從未聽說過的故事也

畫出了許多從未畫過的畫。

結束了這趟采風回到了萬象，一切如舊。花了半天的時間將畫室整理乾淨，發現一隻野貓趁我不在家的時候偷偷地在我的樓梯下面生了一群小貓。一個多月的采風讓小貓都會跑了，非常地可愛。我買來牛奶但這些小貓們都還不願意喝，是因為牠們並不認識我，也不知道我就是這房子的主人。無奈，只有慢慢地熟悉。但這些小貓就是有點大小便不講究，弄得我的畫室臭烘烘的。這都是牠們的媽媽沒有教給牠們生活的規矩。只有在以後我再慢慢地對牠們進行教育。

這次采風讓我的大腦充足了電，就像大力水手吃了菠菜一樣，似乎有許多的幹勁要爆發。我感謝緬甸大使館讓我感受了許多新鮮的事物，讓我看到了一個真實的緬甸。一個自強不息的民族，一個欣欣向榮的國家。

當我在仰光機場入境簽證時，海關的工作人員用漢語對我說的第一句話是：「大哥，歡迎你！」從這裏開始，就一直不停地有人叫我「大哥」直到我完成采風出關上了飛往泰國曼谷的飛機。多少年來我只是在這裏才真正地感受了「人情味」。懂得了人與人的相互尊重是多麼地偉大。

夢中的天堂

當我身背許多的紙頭離開了緬甸後，心裏總不能平靜。常常是夢遊仙境，那一幕幕美麗的景色和如親的人們都爭先恐後地湧入我的夢中，都是一些金黃的色彩。我非常地累，一覺睡到了第三天的中午。隔壁的姑娘們不停地用腳踢我的門，我無力地下樓將門打開，姑娘們你一言我一語地吵得我耳朵都快聾了。我洗臉刷牙後就坐在了畫架前開始了我的油畫創作。這一次我將會又有許多的作品要出世。我一口氣畫出了第一幅畫的輪廓，擠出顏料發洩我心中的快意。

我的第一幅油畫是牛車。在作品完成不久，這幅我起名為「金色緬甸之一」的作品就離我而去了法國。這是我在緬甸采風中印象最深的。由於緬甸的陽光將我的皮膚曬成了土紅色，所以就用這上蒼賜予的顏色來畫緬甸了。在我的眼裏，一切都是非常的美好。充滿著生命的氣息和生活的嚮往。「金色緬甸」是我對於該國的總結。其實就是這樣，一個地區就有一

個地區的色彩，這是非常明顯的。這也是要畫家用心去感受的。

幾日裏閒來無事，打開「谷歌」搜索，偶然發現了兒時的一個小夥伴。她如今已是一所國有醫院的院長了。激發起了我要畫「童趣」的念頭。

曾兩小無猜，心中如同白紙一樣地純潔。分別近四十載光陰似乎已成為永遠的別離。只留下這美好的記憶讓我偶爾再重新翻閱。

我從小就不安分，心中的空間太大，在那茫茫無限的塔里木大沙漠的兵團裏，沒有能讓我滿足的事物。她說：「我長大後要當團長，我要讓你想幹什麼就幹什麼，想畫什麼就畫什麼。」因為當時在我們的心目中，這個世界就「團長」的官最大，沙漠中了無人煙，方圓幾百公里都只是團長一人說了算。她給我起了一個名叫「恩威」，我也給她起了一個名叫「維娜」。其實我們當時都不知道這是什麼意思，只是叫起來好聽罷了。

就是這個故事，喚起了我金色的少年，我正在進行「金色緬甸」的組畫創作中，於是也就將這故事移民去了緬甸。這並不失去了我心中那份美好的訴求。但願這個世界更加美好。暗暗地祝願我兒時的朋友生活愉快，全家幸福。並向她的爸爸媽媽、我的叔叔和阿姨問好。是他們在那個年代裏對我這個不醒世孩子進行了許多的庇護，也為我提供了許多的機會。我將這幅畫取名為「金色緬甸之二」。

這件作品完成後我又是高興又是悲哀，說不出心裏到底是什麼滋味。原因是比利時的尼古拉斯(Nicolas Crismer)專程來我的畫室迎娶新娘。將我這幅「金色緬甸之二」搶親般地抬入「花轎」。第二日便乘坐飛機去了比利時。不知為何我卻流下了幾滴眼淚。將他們送出很遠還不停地張望。心中空蕩蕩地一個人回到了畫室。

這是一個具有悠久歷史的比利時尼古拉斯家族。1910年歐洲文藝復興油畫大師阿爾伯特(Albert Dandoy)曾為他家畫過一幅風景畫。如今還掛在他的家裏。這阿爾伯特是凡高的好朋友，有著深厚的友誼。尼古拉斯對我說他將會把我的這幅畫和阿爾伯特、凡高的畫掛在一起。

聽他這麼一說，差一點沒讓我摔出一個大跟斗，半天都沒有緩過神來。當我頭腦清醒後又非常地高興。中國人的畫也和歐洲文藝復興大師的畫擺在一起了！這是我夢寐以求的結果。沒想到會來得這麼地快。我興奮至極就如同那「范進中舉」，不知手腳應該擺在什麼地方。

但我切不可高興得太早，只不過就是將作品擺在一起而已，不可等同。離大師的水平還相差十萬八千里呢。這更是對我的鞭策。必須快馬加鞭繼續努力，畫出一個大寫的「中國人」來。

兩年前我曾在一位法國收藏家收藏我一幅《苦行僧》的油畫背面用中文寫了這麼一段話：「我就是一個苦行僧，一步一叩首地行走在這崎嶇的小路上。雖然不一定能到達目的地，但我知道，我一定榮升天堂。」是的，佛說：「一個人要有志向，才會有了生活的目標。」

正因為這是一個佛國，全國的男人一生至少得有一次削髮為僧。對於沒有做過和尚的男人是受人歧視的，所以這裏的人們很善良。為此，不畫和尚則不是緬甸了。

我正苦思覓想，正好一位朋友與我玩笑說我前段時間畫的一幅「小沙彌」念書不夠認真。突然間爆發出我要畫一幅「小和尚」的興趣。寺廟裏傳來那拖著長長尾音

的朗朗讀書聲又一次在我耳邊響起，彷彿又是那「廟高寺」裏的學童。這不就是我「金色緬甸之四」嘛。

其實這小和尚也和其他的孩子們一樣，具有天真無邪的童真。當晚我就做好了畫布，迫不及待地勾畫起輪廓。這一下可就收不了手，兩天兩夜地坐在畫架前很少移動腳步。邊畫邊想，前一幅畫是因為孩童的玩耍引起了收藏家的注意，我何不再來一幅「童趣」呢。

因為小孩天生就崇拜和害怕自己的老師。四個小和尚的形態在畫布上躍入了我的眼瞼，他們心態各異，都免不了流露出來的天真。小和尚們除了在寺院裏的一些工作外，還要念書背誦經文，學習其他的文化知識和做人的道理。

和尚有和尚的規矩，在小乘佛教中小和尚背經是要雙手合十夾住袈裟一角舉過頭頂蹲下以示對佛祖的尊崇和敬仰。背誦經文的小和尚心中存有膽怯，不在老和尚視線範圍的小和尚抓緊時間玩上一把，正巧這時就有一隻蟲子爬上了他的經書上。他小心翼翼地將它趕了出去。

　　前景中的小和尚我的確費了一些功夫，既要表現出認真也要畫出天真。6月16日中午我已非常困倦，打開筆記型電腦回覆了朋友們的來信，不知不覺地就在畫架的椅子上睡著了。一覺醒來，這筆記型電腦沒有了，被人用刀割斷網路線偷走了。我傷心至極，是因為我筆記型電腦內的東西。一部尚未寫完的自傳和一部《陳琳東南亞遊記》，十年來全部創作心得與體會，部分作品創作過程（加照片講述創作的過程和我總結出的各種創作方法的繪畫技巧），十年中全部繪畫作品（速寫、素描、油畫，因為這些作品大都被人收藏只留下照片），還有許多我的個人與收藏者的合影照片，我寫的其他許多的文章等等都沒有了。氣得我差一點昏倒過去，眼前一片黑暗。一個人去了湄公河邊，坐在那裏呆似木雞。差一點就學著那歌手「陳琳」早早地就去天堂報到，只能被困南天門下等待叫號傳見。我感謝那小偷沒有將鋒利刀子割向我的喉嚨，並祝福那小偷從此能改掉惡習。

　　這時跑來一個小孩，慌慌地脫掉褲子在離我不遠處解開了大便。兩隻眼睛直盯盯地看著我，臉部陣得通紅。這讓我想起了一歇後語「小孩拉巴巴─暗使勁」，這不就是我這幅作品中前景的孩子來了嘛，「暗使勁」。於是我立即騎車回到畫室，提起筆又畫到了深夜三時。

　　佛光滿堂溢金，祝願所有的學子們都能修得「羅漢因果」。

　　近日有朋友寫信問我是不是喜歡玩「刺激」和「激情」。我不知道他所指什麼，但我的確需要有創作的「激情」和尋找生活素材的「刺激」。這樣才有我源源不斷的作品問世。我這個人也喜歡開開玩笑，因為生活中需要有笑聲。朋友們將最美好的語言全都贈送給了我，這是對我寄託有希望，也是祖國親人對我的鼓勵。我絕不能辜負朋友們的重託，必須刻苦努力地畫出更多更美好的畫來。但我不喜歡那些趣味非常低級的玩笑，我常常會為此而翻臉。這也反映在我許多的作品之中。我常常也會在作品中搞上一點笑，如能逗得觀者一樂，其實就在這時我也心裏很樂。

　　我畫的人體油畫那是汗流浹背勞動中的間歇，但我絕不畫那萎靡不振的肉體。這就和醫生開刀是為了給人治病而不是殺人，拳擊手比賽是為了搏擊而不是打架是一樣的道理。我畫的人體畫是表達人們對於生活的嚮往而不是要流氓。這只是闡述了我的一點藝術觀點。

傳奇馬來西亞

■ 有一個與我同名同姓的「陳琳」
在馬來西亞的入境黑名單裏，
給我帶來了不小的麻煩，
足足用了三個多小時的查證。
驗明正身，彼「陳琳」非此「陳琳」。
彼「陳琳」為女性，此「陳琳」乃男身。

司茵萊湖心金塔
畫於二〇一一年五月
en 2011. 5. 6.

檳城印象

2012-4-5

　　有一個與我同名同姓的「陳琳」在馬來西亞的入境黑名單裏，給我帶來了不小的麻煩，足足用了三個多小時的查證。

　　驗明正身，彼「陳琳」非此「陳琳」。彼「陳琳」為女性，此「陳琳」乃男身。

　　一開始，移民局順利地給我蓋好了章。但在我入境後又將我叫了回來。還好我隨身裝有馬來西亞大使的名片，我將名片交給移民局的官員，讓他們電話詢問。移民局將我的護照交與警務局，警務局又將護照交與安全局。不停的電話聯繫卻讓我一個人坐在走廊的過道上等候。熾熱的天氣讓我汗如雨下。心裏想著，倒要看看他們會對我做些什麼，等天黑了他們還管不管我的飯呢？

　　過來一位會說中國話的官員請我進空調房裏休息，有禮貌地問我是不是給馬來西亞的首相畫過肖像？我說：「是的，那是幾年前的事了。你們是

怎麼知道的？」於是我打開電腦給他們看看，當看了一位現任的首相肖像後，他們說：「可以了，你可以在馬來西亞自由地出入。」我說：「還有呢，歷任首相我都畫過。」但他們沒有興趣繼續看下去了。

移民局的一位官員是年輕的姑娘，雪白的頭巾包裹著臉頰，那漂亮的眼睛會說話。拿出一張紙來要我畫一畫她，我無奈地拔出鋼筆，可是我這手總是抖動，連線條都畫不直。我堅持畫下去，歪歪扭扭地還是有點像她，但卻忘了簽字。

她拿著畫笑得很開心地走進了辦公室，辦好手續後在我的護照裏用馬來文寫了一句話。我看著這段文字，心裏很是放心不下。一個勁地尾隨著那位會講中文的官員，詢問這段話是什麼意思。如是一段污點記錄，那我以後就去不了其他國家了。官員說：「這是一段好話，是證明你身分的。」

我還是不放心。

我的那輛去檳城的班車早已無影無蹤了。於是，官員們只得開車送我去檳城。

檳城的「朵拉」是「夢凌」的朋友。馬來西亞非常著名的華人職業作家與畫家。已出版個人著作三十六部，曾受邀大馬多家報刊雜誌及美國紐約的《世界日報》、台灣《人間福報》、昆明《春城晚報》寫副刊專欄。小說《行人道上的鏡子和馬》被譯為日文並在英國拍成電影於日本公映。多部小說被改為電視劇在大馬及新加坡公演。其散文及小說作品被中國多家大學、美國加州克萊大學、新加坡、香港、馬來西亞大學與中學作為必讀教材。在中國大陸、台灣、澳洲、香港、泰國、菲律賓、新加坡、大馬等地與他人合著著作一百多部。這是一位女中泰斗，罕見的文豪。

她與她愛人「小黑」開車接我來到檳城老城區住下後又開車在城裏轉了一圈。看了許多的景點並為我接風洗塵。我開心地聊起了過境的那段有驚無險。請「朵拉」的愛人「小黑」老師幫我瞧瞧這護照上寫的是什麼？

朵拉的愛人「小黑」也是一位著名的作家，

陳福凱乐坡先师
chen i 2012.4.

馬來西亞資深的中學校長。「小黑」是他的筆名。那雪白而濃厚的眉毛，真讓人感覺到一種超凡脫俗、才華橫溢。他告訴我這是一段對你有利的話，說是「經多方查證後，這個陳琳是一個好人，沒有任何的不法行為，歡迎在馬來西亞自由出入」。到此，我才把半天來一直提在手上的這顆「心」安放進了肚子裏。安心地享用這桌上的美餐。

「朵拉」老師，甜甜的嗓音豐富的辭彙，言談舉止無不透出一股才氣。我給她帶來了一公斤藤黃，這是「夢凌」為她買的。「朵拉」用於畫中國畫之用。很想看一看「朵拉」的繪畫作品。我想她的畫風一定會很細膩。

陳碧珠畫小黑老師
Chen Lin
2012.4.

2012-4-6

早上六時就起床了。走到街上，天還沒有發亮。這裏的太陽為什麼比曼谷的太陽起得要晚呢？想必也是夜生活繁多而過於忙碌，養成了一種睡懶覺的習慣吧。於是我又回到了旅館，再睡了一會。

八時出去，街道上還是沒有多少行人。今天是星期五，清真寺裏靜悄悄的。我畫了幾幅速寫後走進一家穆斯林咖啡館要了一杯咖啡。檳城的咖啡真香。

檳城人喝咖啡，
是他的每日生活中不可
缺少的一件大事。看！
Chen Lin
2012.4.6.
陳碧珠畫於大馬.

從「朵拉」的著作中知道檳城人視咖啡如命，每日裏的咖啡是生活中的頭一件事。朋友們相遇時的第一句話，中國人會說：「你吃了嗎？」而檳城人則說：「你喝了嗎？」那就是問你喝咖啡了嗎？由此可見，咖啡對

檳城人來說是多麼的重要。我畫了一幅「喝咖啡」的速寫後想了一想，「不！」我還是應該畫那用鼻子聞咖啡的，那才叫香呢。

不注意，不注意地就走出了半個老城區來到海邊，那一望無際的大海上只漂著幾隻小船。在蔚藍色的海面上點綴出精彩的幾筆生氣，直讓人叫絕。可是這街道上還是沒有多少行人。只有那空氣中飄散著潮濕的清新。海風吹來，心中無限地愜意。

覺得今天可以到此為止了。留下半個老城明日再走。於是回房休息，整理整理幾日來收集的繪畫資料。分類存放，泰國南部采風告一段落，馬來西亞采風就此開始。

2012-4-7

我陡然變得聰明了起來。美美地睡了一個懶覺，八時出門，走完了半個老城區。

「朵拉」老師來電話，問我在什麼地方？我說在市場上。她讓我不要亂跑，一會用車載我去檳城的水上人家。我順便買了一張馬來西亞的地圖，坐在商店裏等候。

這是檳城海岸上的華人區，有「姓陳橋」「姓李橋」「姓林橋」「姓周橋」等等。各姓為陣，一架木橋從海岸一直延伸到海裏。橋的兩邊有許多的木製住宅。這就是各不同姓氏的華人居住的地方。我看這眾多的橋中，要數「姓周橋」修得最好，也最有特色。引來無數遊客觀光。

檳城老城區周姓生橋
陳州宇
chen in 2012.4.7.

我在此逗留了很久，順著海邊到了一個渡輪碼頭。索性乘船去海的對岸「北海」。我到處尋找渡輪售票的窗口。別人告訴我，這渡輪是免費的，只是回來時要收一塊兩角馬幣。

對岸是一個汽車站，這裏有通往馬來西亞各地的班車。我只在周圍轉了轉就又乘船返回了。

2012-4-8

檳城很美，我只接觸了這城市的一小部分。在這老城區逗留了幾日。是因為我對那現代化的高樓大廈和旅遊景點沒有多少興趣。

在這裏，我讀完了「朵拉」送給我她寫的兩本書—《往事堪回味》和《一位老華僑的故事》。這是「拿督林慶金」在檳城的創業史，也是一部海外華人辛酸的血淚史。更是馬來西亞華人在馬來西亞建設中的一座豐碑。我倍受感動。拿督林慶金說：「每一個在海外漂泊的華人，其實他們的背上都刺有一根針。」是的，每一個在海外漂泊的華人，都有其內心的隱痛而無法與人表白。而那根「針」也時時地錐刺著他必須奮發進取。

我訂了明日去麻六甲的汽車票，即將與檳城告別，心中仍有許多的留戀。

很想有機會答謝一下「朵拉」和「小黑」幾日來對我的關照，但他們不給我這個機會，晚上還是由他們為我送行，心中存有十分的感激。

風雨麻六甲

2012-4-10

豪華大巴士將我從檳城經怡保、吉隆坡、芙蓉等城市帶到了麻六甲，沿途植被蔥鬱，景色秀麗。

一條小河穿插在麻六甲城市的中央，清澈的河水倒映出兩岸古老的歐式建築，熱帶的古樹包裹著整個城市。美極了，美不勝收。

我沿著小河往前走，許多的小橋連接著兩岸的風光，眼前出現了法國繪畫大師「莫內」的色彩。

我兩腿癱軟無法自控地一屁股坐在了地上，一雙眼睛直直地盯著這景

色，恨手上沒有油畫的工具，只好翻出速寫包裏最好的紙畫了起來，真是過癮。

走著走著，來到了「鄭和博物館」。去年在南京與我的學生蔣行裔曾帶著無限崇敬的心情參拜了南京的「鄭和紀念館」，沒有想到上帝會這麼快地就讓我又來到了他遠涉重洋曾落腳的地方。

這是鄭和下西洋期間海外最大的倉庫，其遺址就是這博物館。這裏存列著鄭和下西洋許多的文物、官廠遺址和明成祖接待滿剌加國王的場景，鄭和對麻六甲農業、漁業、工業及貿易發展所做出的貢獻，還有鄭和的寶船和媽祖文化，以及元、明陶瓷和馬來西亞藝術。

我東張西望地走在麻六甲的街道上，行人沒有汽車多。所以有時畫畫不太方便，生怕會有車輛壓了過來。走路更是要當心，寧可慢它三分也絕不搶那一秒，安全第一。

在一個景點的陰暗角落裏，我碰上了幾個老女人。當中國的遊客來時，她們就坐在那裏，雙目緊閉，一動不動。中國的遊客走後，她們睜開眼睛東張張西望望地看看沒有人了，也就散了。待下一批遊客來時，她們又故技重演。其中還有幾位老女人給遊人發一些傳單和書籍，但大多數遊人都不會伸手去收。

這老女人向我走來，拿出一本小冊子想給我，我沒有理睬她，她問我有「良心」嗎？

我問她是哪裏人，「是馬來西亞的嗎？」她說：「不是。」我又問：「是中國的嗎？」她回答：「也不是。」始終不願意告訴我她的國籍。

我問她為什麼這樣仇恨中國？說：「你不是中國人，那中國的事與你又有什麼關係呢？如若你是中國人，難道你在海外沒有感覺到現在你的腰桿比以往任何時候都直多了嗎？」

她說我沒有「良心」，罵罵咧咧地離我而去。

我不想將她們的嘴臉畫出來，但願她們能認識自己的所作所為是害群之馬。

2012-4-11

翻出旅館的牆頭，早上的清新撲鼻而來。我信步向聖保羅山上走去，這是麻六甲的最高處。

一座紅色的建築座落在山的半腰，這是荷蘭人於1641年從葡萄牙手中奪得麻六甲後建立的，是荷蘭人在麻六甲統治者的行政中心，十八世紀初英殖民統治者也把它當作政府機構，這原本白色的建築就在1820年染成了現在的這種血紅色。

從此，這裏就被稱為「紅屋」。

厚厚的石牆寬大的門窗，裏面擺掛著許多中國的神話故事和繪畫，其關押犯人的監牢就設在紅屋最底層的前段，相信這紅屋還有許多的秘密尚待挖掘。

紅屋的山頂是聖保羅教堂遺址，1521年由一名葡萄牙將領創建。因為憑著這居高臨下的戰略位置，可以避免敵軍從南中國海進攻，因此被譽為「山上的貴婦」。在荷蘭人占領麻六甲後改名聖保羅教堂，這座教堂有著多重身分，即是堡壘及宗教場所，同時它還是一個墓地，有不少葡萄牙人和荷蘭人的遺體安葬在這裏，所以這裏還有許多的紀念碑。英殖民地時這座教堂又是英軍的軍火庫，也曾是英人升旗之地，為此，也曾改為「升旗山」，但此名稱沒有被沿用，升旗的杆也被拆除，從此這裏就一直被荒廢。

下午16時36分，麻六甲對岸的蘇門答臘北部發生8.6級大地震，後來西部又連續發生了六起8級以上的地震。印尼政府已向二十八個國家發出海嘯警報。泰國政府已通知十六個府的沿海居民轉移。許多不好的消息接踵而來，我心中有些緊張。向別人打聽，人們安靜地說，麻六甲不會有事的，整個的蘇門答臘島正好擋住了海嘯的浪頭。於是，我又安心地畫畫了。

2012-4-12

麻六甲有一座僑胞殉難紀念碑，上有蔣中正先生親筆題寫的四個大字「忠貞足式」。這是為紀念在第二次世界大戰中麻六甲的僑胞們奮起抵抗日軍侵犯而壯烈犧牲的英烈們。就在這紀念碑的後面小山坡上綠樹成蔭，埋葬著無數英烈的忠骨。我懷著沉痛的心情看望了烈士們，由於我是偶然來到這裏，事先沒有準備祭品，就在中正先生的題字下深深地三鞠躬，以示我這個流浪的畫家來到了麻六甲對於死難同胞的敬仰和緬懷。

雲秀琴校長帶著我參觀了沈慕羽先生紀念館並進行了詳細的解說。沈慕羽的兒子沈墨林先生陪著我觀看沈慕羽生前錄相。這是一位書法大師，那蒼勁有力、渾厚圓潤的書法作品讓我震撼。氣勢磅礴一瀉而下，彷彿其每一個字都會躍出紙面。讓我看到了一種精神，一種中華民族堅忍不拔、不

青山処処埋忠骨
陳瑞昌麻六甲抗日殉難僑胞
紀念碑
hen Lui 2012.4.12.

屈不饒的精神。真可謂罕見的「墨寶」。

沈慕羽先生祖籍福建晉江，1913年生於麻六甲吉林村。其父沈鴻柏是當時麻六甲同盟會領袖。為推翻滿清王朝，支持孫中山先生的革命事業，他蕩盡家產，全力投入。1913年在麻六甲創辦了「培風中學」。

蘆溝橋事變，沈慕羽投身到抗日運動中。在日本占領麻六甲期間，與其兄沈慕周同時被捕，沈慕周在日本人的屠刀下慘遭殺害。後因「天長節」沈慕羽獲赦，為避其日寇毒手，開始逃亡的生活。直到日本投降。

沈慕羽先生一生追求華文在馬來西亞的地位，達到華人文化教育享有平等的待遇，努力捍衛民族事業，爭取政府承認華文為國家官方語文，是馬來西亞華人的精神領袖。

我非常喜歡沈慕羽先生的傻瓜歌：「傻瓜，傻瓜，我是傻瓜。你也是傻瓜。可惜這世界上的傻瓜太少了。我願你我和一般志同道合的人，永遠做個傻瓜。去感化世上無數自私自利的聰明人。」

現在我們在馬來西亞能暢通地運用華語，這不是原本固有的。是多少像沈慕羽先生這樣的先輩傾家蕩產、流血流汗所爭取來的結果。當我們在馬來西亞用中文表達自己的情感時，我們要感謝這無數的先輩為我們付出的一切。

2012-4-13

我真的很幸福，有許多的朋友在關心我，但有時也給朋友帶來不少的麻煩。

台灣的朋友秋雄終於和我聯繫上了，得知我一人在麻六甲，十分地不放心。像一個老太婆似的千叮萬囑，「錢要分多個地方放，晚上不要在外面逗留太久，小心過往車輛等等」。並立即聯繫了他在馬來西亞的朋友謝克強，要用專車來接我去一些民族地區。還委託朋友要帶我去南亞極地「柔佛巴魯」看看，那裏與新加坡就非常近了。

今晚是麻六甲文化街的集會，每週連續三日，即週五、週六、週日。我早早地就去了世界文化遺產麻六甲雞場文化街。這裏的建築很古老，但這裏又是過去的唐人街，所以中國傳統文化十分濃厚。各種攤點布滿大街小巷，滿街的華語叫賣。我感覺這似乎是中國、台灣或香港，民風古樸而高

雅，我只在這裏轉了轉，就先走了，因為我晚上還要參加麻六甲「培風中學」的一個宴會。

在朋友的陪同下，我來到培風中學的大禮堂，上百桌酒宴讓我耳目一新，已經坐滿了麻六甲和新加坡的各行各業華僑和當地的名流。台上學生們正表演歌舞，好不熱鬧，兩隻獅子沿客座拜禮。禮畢，酒宴開始。

這是培風中學的各屆老少畢業生在世界各地回來報答母校，這知恩圖報的舉動實在值得發揚光大。

一位長者站在台上用馬來語發表了一場演說，我雖然聽不懂他說的是什麼，但見那慷慨陳詞，抑揚頓挫我就知道他的演說很精彩，台下爆發出陣陣的掌聲。

2012-4-14

下雨了，我出不了門，一覺就睡到早上十時，覺得還可以睡下去。

朋友一直都在勸說我「要學會使用照相機，這樣資料的收集來得會更快些」。臨行前好朋友「夢凌」還教我怎樣用相機呢。可是她罵我太笨了，至今不知道那個廣角鏡頭能派上什麼用場。

朋友謝克強專程從柔佛的柔佛巴魯開車來接我繼續南下，到了一個叫做「巴冬」的漁村。漁民們似乎今天都休業，只有漁船靜靜地躺在港灣，對於我們的來訪更是不理不睬。村裏也沒有幾個人在走動，於是，小作停留，驅車南下。

晚上，我們就在「巴株巴轄」住下了。這裏是準「麻六甲海峽」了，對面就是蘇門答臘。但是我們還將繼續南下。

去一位醫生朋友家作客，他畢業於台灣大學，也是他為我們訂好了賓館。

巴株巴轄，馬來語就是「琢石城」的意思。傳說一位石匠為了尋找水源，翻山越嶺，戰勝了許多的兇險，終於在一塊岩石中打出水來。

由於石匠堅貞不屈的精神感動了上蒼，其井水質甘甜，潤肺清心。同時也賜予石匠「琢石成金」的本領，為當地的人民帶來了幸福。

陳林助謝克強仁兄
於新山
chen 2012.4.16

　　為紀念這位石匠，人們將這裏取名為「巴株巴轄」。

　　的確，這裏真的就是一塊「人傑地靈，財星高照」的寶地，當今許多上市公司的老闆都出自這裏，所以人們又將這裏稱為「出財主的地方」。

南下柔佛

2012-4-15

　　我對新加坡的第一印象是三根紅白相間的大煙囪。

　　朋友謝克強駕駛著汽車遠遠地向「柔佛巴魯」駛來。用手一指說：「那裏就是新加坡了。」我順手指的方向望去，最先進入眼瞼的只有這三根發電廠的大煙囪。

　　克強告訴我馬來西亞的柔佛巴魯與新加坡只一「柔佛海峽」之隔，我心裏總是琢磨著。這柔佛海峽該會有多寬呢？五海里呢還是十海里？

　　汽車停在了柔佛巴魯與新加坡相隔的公主灣，下車一望，心中頓感失落。「什麼海峽呀，其寬窄只與曼谷的湄南河差不了多少。我下海用手捧起一點海水嘗嘗，「鹹的是海，甜的是河」。果然，這水就是鹹的，確定這就是海了。

我对新加坡的第一印象
就是三根红白相间的大烟囱
陳斌等於柔佛海峽
chen bin
2012.4.17.

舉頭望了望對岸的新加坡，沿海岸片片的綠樹蔥鬱，海浪拍打著岸邊的沙石，激起點點浪花。對於我這個土包子來講，隔岸望去，那裏就是劉姥姥的大觀園。因為我沒有新加坡的簽證，所以也就只能隔岸望望。

我過去對於新加坡的猜想是這個島國除了高樓就全都是人，真的沒有想到新加坡還會有樹林呢，真美了!

馬來西亞的「柔佛」地處季風交會的南亞地角，是東南亞海上貿易的必經之地。東北季風與西南季風吹來，吸引了無數中國先民來往於這塊充滿黃金誘惑的寶地。同時這裏又是亞洲大陸的「南端地極」。

1511年曾經輝煌的麻六甲王朝被葡萄牙人擊垮後，頑強的馬來統治者被迫南遷，建立了柔佛王國並發展成為富庶的「天府之州」。

2012-4-15

柔佛巴魯，柔佛的一座邊城，與新加坡咫尺之隔。這裏有三寶：即一山一廟一校。

這「一山」就是一座「義山」，是當地南來華人們為了自助自救，對於那些漂泊於柔佛巴魯的華人弱勢群體、孤寡老人，實施救濟，也是華人的義葬之地。其實，這座山就是墳山，但卻是柔佛巴魯華人的精神寄託之地。

「一廟」就是一座「柔佛古廟」，它建於清代，是南來華裔祈福求安，信仰寄託之所在。

「一校」就是建於1913年的「寬柔中學」，二戰前享有「南洋四大模範學校」的美譽。1951年該校創立了中學部，被稱為馬來全島的第一所獨立中學。

這所學校歷來實施的是「有教無類」，尊崇的是「孔子精神」，培養了許多傑出的優秀華人。

這是一所非常著名的學校，它的名氣比這座城市還要響亮。

明年就是寬柔中學的百年大慶，將會有世界各地的寬中老少畢業生歡聚一堂，為母校慶賀生日，這是柔佛華人「春風化雨，杏壇增輝」的一件大事。

我有幸在寬中的孔夫子雕像前留了一個影，並對孔老夫子施以三拜，作為我這個順風飄流的油畫家對於孔子精神的敬仰。

2012-4-16

克強為了我的安全，將我安排在離他家不遠的賓館住下，卻不願意由我承擔所需費用，要我把錢留下多走一些地方，他一大早就用車將我送到了老城區。

柔佛巴魯的市政大廈是一座歐式建築，我想從大門裏進去，卻被員警給攔住了。

員警是一位馬來人，穿一身黑色的警服。端出一張椅子讓我坐下就在市政大廈的門外慢慢地畫，一會還給我送來了水。在我畫完後他卻不讓我走，要我畫了他以後才能放行，我又拔出鋼筆一筆筆地畫了起來。

晴空萬里，我坐在柔佛海峽的岩石上。幾棵高大的椰樹伸出巨大的巴掌為我擋住這烈日的暴曬，微風輕輕地撫摸著我的臉頰，十分地愜意。對岸傳來鄧麗君那溫柔的歌聲，伴著這海水的起伏，又是一種別有風味的聽覺效果。我陶醉了，如醉如癡地舞動著手上的畫筆。

突然狂風大作，烏雲四起。「嚓嚓嚓」一道電光從我的頭頂一躍而過，豎起了一根白色而細長的光柱，瞬間消失。

陳琳馬來西亞 新山市政大廈
chenLin
2012.4.16.

天就要下雨了，這是熱帶雨林的特徵。我急忙收起畫紙，找一個能避雨的地方給我的朋友電話，讓他雨後來接我。

2012-4-17

晚上八時，克強用車將我送到了柔佛巴魯的飛機場。千叮萬囑，一定要注意安全，要多給他電話。

我將從這裏飛越「南中國」海峽去東馬來西亞沙勞越古晉。這是一個對我充滿著神秘誘惑的地方，有著二十多個民族，還有讓我渴望瞭解的達雅民族文化。

夜幕降下，機艙裏燈光熄滅，是因為要從新加坡的上空飛越而過。我伸頭向往窗外，眼前的景色讓我驚呆，木木地凝視著，一動不動。

整個柔佛巴魯和新加坡一片燈海相連，就如同那浩瀚的烈火在燃燒，氣勢磅礴沿海洋蔓延而去，格外壯觀，猶如一顆晶瑩剔透的明珠鑲嵌這南中國海上，美不勝收。

離開了柔佛巴魯，我心中

新山 柔佛海峽岸
陳琳寫於馬來西亞 新山
ChenLin
2012. 4. 16.

充滿感激，感謝朋友的熱情接待和全力的幫助。

這現代化的城市是多麼地美麗，他屹立在南亞之地極。

古晉傳奇

2012-4-18

由於在入境馬來西亞時移民局的那位姑娘畫蛇添足，一段讚美的文字「此人可在馬來西亞暢通無阻」引起了古晉海關的注意，我又遇上了和入境時一樣的麻煩。

這一次，我的護照上又多了一段文字「此人不是鎖定目標！」

昨晚從西馬到東馬，下飛機後海關要再一次檢查每一個人的護照。當那位小夥子警員高舉著入關的大印向我的護照蓋下時，就那麼一段「美麗而瀟灑的字跡」引起了他的疑惑，大印久久地停在了空中，落不下來。

立即請我到裏面坐坐，並將我的護照送進了辦公室進行審查。

吳岸老師早已等候在機場外，他電話問我為什麼還不出來？我只能告訴他：「護照有點麻煩。」

當機場內已沒有了乘客，辦公室裏的官員才姍姍地向我走來。問：「你是畫家嗎？」我說：「是的。」

「能證明嗎？」

我將我在西馬的速寫給了她，她點點頭認真地翻看著。一朵鮮花綻開了，臉上露出了甜蜜的微笑。

很快，他們給我辦好了入關的手續，已經是深夜十一點了。

我迅速地跑出機場的門外，一位白髮銀鬚的學者向我迎來。這就是「吳岸」老師，東南亞非常著名的詩人。

我遠距離地觀看他的鬍鬚，更添一種詩人的飄逸與風采。然後，我倆久久地擁抱，卻似久別重

逢。他那平和而深邃的目光，不時一笑，更是文雅。

晚上我倆促膝長談，恰似一種溫馨。他送給我五本他個人的詩集，我愛不釋手。細細讀來，感人肺腑，觸人心弦。

我也非常喜歡他為女作家「朵拉」寫的一首詩：「這條路沒有錯／我們走過去／我們走過了荒野／走過了荊棘／來到了這芳草地／我願／輕輕／踩過人們的掌聲／走過去／前面雖沒有花園／只有明滅的星星／這條路沒有錯／我們走過去」。

吳岸老師誕生在婆羅洲的熱帶叢林中，上個世紀五〇年代初開始文學創作並出版詩集《盾上的詩篇》被譽為「拉讓江畔的詩人」。1966年因參加沙勞越獨立運動，被監禁達十年之久，出獄後重返文壇，其作品豐碩。他一貫堅持現實主義的創作道路，極其注重詩藝術技巧與創新，具有獨特的地方特徵與個人風格，曾榮獲「當代中國詩魂金獎」的殊榮。

「當你看到我的微笑／而我已經遠去／當你在寂寞的夜裏／看見屋簷上的星光／而我已經隕落／但我仍微笑／在你的心裏／我仍為你閃爍／穿越過億萬光年」。這是吳岸老師的題名為《真情》的詩。

2012-4-19

沙勞越的歷史非常傳奇。

當哥倫布發現「新大陸」後，西方國家就掀起了一股探險熱，紛紛地到地球的另一面去發現沒有白人居住的「新大陸」。

有一位1803年出生在印度的英國人叫做詹姆士・布洛克，從天而降地得到了一大筆遺產，也學著哥倫布立刻就花錢購買了一艘武裝帆船「保皇號」出海探險了。

從倫敦越洋來到了新加坡，逗留了一段時間後才發現那裏並不是他夢中的天堂，也沒什麼便宜可占，於是就繼續駛往婆羅洲的西北海岸。

1839年，正當詹姆士的探險船一路順風地駛入南中國海的沙勞越時，渤泥國王正為當地伊班族的騷亂和海盜猖獗而撓頭傷腦。於是詹姆士幫助渤泥國王平定了伊班族的騷亂後卻喜歡上了這片土地。再三地對渤泥國王施加壓力，渤泥國王如夢初醒，才知「請菩薩容易送菩薩難」了。無可奈何之下，將古晉以及三馬拉漢兩省的統治權交給了詹姆士。

　　詹姆士在1841年以古晉為首府建立了沙勞越白人王國，隨後又不斷地向外擴充其疆域。

　　1868年詹姆士去世後，王位傳給了其侄兒查理・布洛克。1917年王位又傳給了查理的兒子梵納・布洛克。王國在此持續一百多年，直到日本占領沙勞越為止。

　　古晉是沙勞越的首府。名勝古跡較多，但大多都與布洛克王朝有關係。

　　我參觀了沙勞越博物館。這是一座諾曼式建築，也是古晉最大的殖民時期建築。自1891年開館以來，館內一直陳列著沙勞越的各種動植物標本和土著文化藝術。

　　這裏有許多我非常感興趣的土著民族資料，但館內規定不允許拍照。我只好就在這裏畫了起來，花了較長的時間。是因為這些資料對我來說很珍貴。

　　沙勞越河畔上的舊式法院始建於1871年，曾是布洛克國王辦公的地方。前面有一座英式鐘樓。法院前是查理・布洛克花崗岩紀念碑。碑上有分別代表沙勞越的四大種族：華族、達雅族、馬來族和奧蘭伊魯族的石像。

陳林學弓馬西亞古晉
SARAWAK
Chen Lin MALAYSIA
2012. 4. 18.

不遠處的舊郵局是一座希臘、羅馬和喬治混合式建築。隔著沙勞越河，可以看到王宮(Astana)，這裏曾是查理的住處。不遠處，岸邊還有歐洲文藝復興式的瑪格麗堡與對岸的議會大廈相呼應，使兩岸景色渾然一體。

2012-4-20

其實中國早在唐宋時期就與婆羅洲有了往來。1405年，鄭和艦隊曾訪問了當時的渤泥王國。艦隊的官兵也是從這裏學會採集燕窩而將技術帶回中國。1408年，渤泥國王也回訪了中國，成為第一個到中國進貢的宗主國國王。渤泥國王後來不幸在南京去世，現葬於南京城郊的石子崗。

1880年，沙勞越的統治者開始大量吸引華人前來定居。古晉的華人也享有相當的自治權，甚至還有自己的華人法庭，由華人首領斷案。

直到今日，古晉還是一市兩府。市區由華人市長管理，河對岸的馬來村則由馬來市長管理，世上少見。華人法庭現為華人歷史博物館對外開放，就在古晉大伯公廟的對面。古晉的唐人街也保存得很好，據說許多兩層店屋的建材都是遠從中國運來的。

對於華人在這裏的歷史，華人博物館裏是這樣記載的。

根據歷史：中國人口遽增，土地缺乏和貧窮是促使華人在十九世紀為了尋求更好的生活條件而移民東南亞或南洋的部分原因。部分移民以契約定下的期限把自由賣給了「客頭」。由於失去了自由而被人稱為「豬仔」。新加坡是當時賣「豬仔」的主要轉運港口，是「客頭」對於「豬仔」議價的地方，工價從一年到三年不等。每個「豬仔」的價錢介於三十至一百新加坡幣。他們被告知將在礦場及農耕地工作。

至於前往婆羅洲的移民將繼續他們的路程直到他們抵達印尼加里曼丹的山口洋，以及位於沙勞越的古晉、詩巫和泗里街。

許多移民是自己安排前來沙勞越並從事農耕和貿易，這些移民或新客逐漸發現在南洋的生活並不如想像中的一般，許多嚴峻的挑戰和考驗在等待著他。即便如此，許多艱苦的生活環境還是逼使許多華人南下。

華人在移民初期有個特點，那就是來自中國相同區域的人們將在移民海外後也聚集在相同的區域。也就是說，當移民浪潮興起時，這股潮流將持續不斷從同一個源頭蔓延，甚至移民從事的經濟活動也一樣。

今天，華人占了沙勞越人口的四分之一，當然主要包括了十九世紀和二十世紀初期先賢們所建立的社區並建成了華人的各方言集團。

教育對於華人來講是非常重要的，它不止決定這一代華人的生活，也影響下一代華人的前程。因此，教育一直是華人最關心的基本課題。

從十九世紀中葉至二十世紀，沙勞越的華文教育是以私塾形式授課。1912年組成了一些學校由不同籍貫的公會管理。1930年華語才開始普遍地被使用。1940年華校已經遍布整個沙勞越。這些學校都是採納中國的教育制度和相關的課外活動及課本，有些學校甚至向中國的教育局註冊。

1950年後，沙勞越的華人學校進階至政府中學的制度並享有經濟上的資助和管理上的協助。同時，政府也頒布了需遵守條規。自此，華人的課程也逐漸被本土化。

假日與汽車租賃有限公司的老闆何月圓小姐，以最優惠的價格用一輛小汽車將我帶到了一個我不知名的古晉與印尼交界的地方。

這座森林谷裏有二十五隻紅毛猩猩。其猩猩首領三十二歲，最長者四十二歲，最小的三歲。我有幸見到了他們的尊容。

那是一個比達優民族的長屋，用竹子架空的寨子，民風民俗原始。

陳林馬比達優民族長屋
於馬來西亞古晉
henLins 2012.4.20.

司機告訴我千萬不能進入這裏寨民的房屋，所以我只能踩著竹排在寨子裏走走、看看、畫畫。

寨子的首領是五年一選舉換屆，得知我是畫畫的，破例將一把鑰匙交給我。只讓我和司機進入了他們的一個類似會議廳的屋子，不可有村民陪同。

這裏有許多打獵用的「吹筒」、盾和弓箭、火槍、彈藥，還有許多我看不懂的東西和神物。

「吹筒」是發射「毒針」的武器。我取下一支，裝上「毒針」，輕輕一吹，還是能發射出去。但就是沒有多大威力，是殺不了野獸的。這門技術是需要長期練習。

我想這裏大概就是他們的「男人會所」了，是男人們討論和研究對某一獵物進行攻擊的專門機構，相當於我國古代的軍機處。我有幸在這裏坐了一會，還有「女兒房」那我當然是不可以進去的了，也不知道那裏面會有些什麼東西。

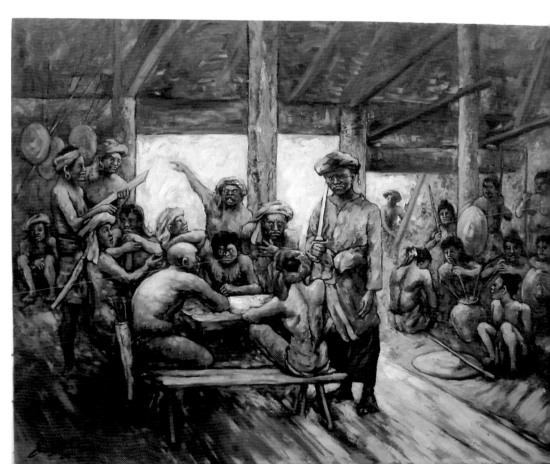

天要下雨了。不可多看了，趕快走吧，我怕一不小心犯了他們的忌諱。

2012-4-21

古晉，馬來語就是「貓」的意思，所以這裏也稱作「貓城」。除了有一座貓博物館外，貓的雕像也隨處可見。可是，我在街上沒有找著幾隻貓。不過，我可以坦白地給你說，這裏的貓的確溫柔、漂亮。

朋友講了一個故事給我聽：說是1941年12月24日，在日軍攻占古晉之際，古晉郵電局的報務員發出了最後一份電報「貓落井裏」，報告古晉淪陷。

我懷著一份對馬來西亞華人的感激之情在這裏繼續我的采風。

抗日戰爭時期，中國的大部分土地已被日本人占領，人們生活在水深火熱之中，而馬來西亞華人卻義無反顧地對中國進行了支援。這怎能就一句「熱愛家鄉」的簡單理由就概括了？那時候的馬來西亞還是日本軍事占領區，支援中國抗日那是要付出頭顱的代價。這份義無反顧的背後，就是文化身分的皈依，「無論身在何處，都是中國人」的民族情感歸屬。

我正與吳岸老師探討藝術，聆聽吳岸老師對於現實主

義創作的獨特見解和古晉的歷史文化。旅館的老
闆上樓了。

　　說要看看我在古晉畫了些什麼。

　　老闆楊禮榮是一位藝術收藏家，要用車
帶我去詩巫的達雅民族地區，我毫不客氣
而高興地接受了這意外的邀請。

　　古晉沙勞越河邊的這個「健榮旅館」，
是吳岸老師事先給我預訂下的。古色古香，
安靜優雅，是由楊禮健、楊禮榮兄弟二
人開的。他們都是建築工程師，所以
設計條件較好，具有濃厚的古晉文化
特色。

　　老闆要留我在這裏多住幾日，免
去了我的房租，當然也是為了要我為他們畫畫了。他們從街上買來了最好
的紙，只是他們不太懂得用鋼筆畫出較大的作品有些困難，於是我只能非
常吃力地為他們畫了一幅對開的「健榮旅館」。

陳林畫楊禮健仁兄
於沙勞越古晉時年
二〇一二年四月二十二日
chen lin 2012.4.23

座落于沙勞越河邊的這家「健榮」
旅館，是由楊禮健、楊禮榮合開的。
古色古香，安靜優雅，具有濃厚的
古晉文化特色。我在此逗留一周，感謝兄弟二人
對我的熱情，為此特作畫紀念。
　　陳林畫於二〇一二年四月二十四日
chen lin

2012-4-22

　　真有緣份，吉隆坡拉曼大學的辛金順博士來到了古晉，他與吳岸老師有事相商。

　　我們一見如故，話很投機。

　　他雖是現、近代漢語的博士，對民族風情也有非常濃厚的興趣。他喜歡我的油畫，要為我的畫作寫詩。為此我將一些油畫作品拷貝在他的USB裏。

　　晚上，我們一起觀看了一場由沙勞越八個民族分別表演的本土民族歌舞，大開眼界。

辛金順博士雅正
陳雅森於
二○一二年四月二十三日古晉

2012-4-23

　　民族的傳統習俗，是我最為喜好的文化，也是我每一次外出采風的最終目的。現代化的城市全世界都大同小異，雖各有其不同的古蹟，但那已經是許多年前的事了，已有眾多藝術家在為其歌頌和讚美。

　　來到東馬的古晉，無意中看到了這原始的文化，心中甚是激動。成天忙著打字和畫畫，不亦樂乎。辛金順教授也想隨同我一起去詩巫，只可惜他沒有更多的時間。

2012-4-24

　　我的朋友不理解我，打電話說：「你在外面好好地玩，要玩得開心。」我何曾是玩呀，每日裏忙亂得很。兩腳走出了血泡，兩眼畫出了血絲，因為我得抓緊這來之不易而又冒著風險的機會。

　　清真寺裏拖著長長音符的祈禱詞和那煙霧繚繞的華人寺廟裏傳出的誦經聲，讓我從睡夢中醒來。我昨日實在太累，與吳岸老師和辛金順教授分手後返回旅館就和衣睡下了，一覺醒來天已大亮。

　　下午六時，與吳岸老師告別後，楊禮健兄弟出海釣魚歸來了，立即就開車送我去詩巫。一路上兄弟二人不停地給我講一些這婆羅洲的故事和這裏

民族風俗，更引起了我的興趣，也佩服這兄弟倆的見多識廣和對沙勞越的熱愛。

他們勸我留下來，用繪畫的形式再現這裏的民族文化，說：「許多年以後，這些東西也會沒有了。」

我的確很想留下，但我需要政府有關部門的幫助和贊助，才能實現這一夢想。

不過我還要繼續在婆羅洲的採訪，也將會發現更多我感興趣的東西，也會給我對藝術帶來更深層次的認識。

晚上十二時我們才到達詩巫，他們將我安排在臨「拉讓江」的一座賓館裏住下，由於太晚了，倒頭便睡。

情繫詩巫

2012-4-25

窗外就是風景如畫的拉讓江，早上沿江邊走走，記錄了這裏的一些情景。漂亮而窄長的水上巴士猶如一輛輛豪華大巴車，忙碌地載著旅客奔向各地；輪船在江中游弋，銀燕成群地穿梭飛翔，時而發出一聲輕輕的尖吟。彷彿在告訴我這裏有如詩的篇章。

是的，吳岸老師就是這拉讓江畔偉大的詩人，其出語驚人的風采讓人頓悟拉讓江水滋潤這人傑地靈，也用乳汁養育了婆羅洲的各族人民。

我無法用語言描述拉讓江的美麗，吳岸老師有詩為證：

「江水依舊滔滔／青山依舊鬱鬱／飛舟過處／濺起漫江水霧／看兩岸景色分外迷霧

竹林邊／斑斑駁駁的／不是伊班父老的長屋？／膠林外／隱約閃過的幾點紅／不是廣甯鄉親的揮春？

走遍兩岸／不見故人／只有青山綠水／猶記得當年故事

夢醒時／猛覺山更青／水更湛／轟隆機聲裏／客船已到加帛鎮」

2012-4-26

朋友謝克強發現我沒有方向感，所以在柔佛巴魯時總是擔心我會丟失。

拉讓江上的
水上巴士
陳楚年畫於詩巫
Chen 2012.4.25

這不，清晨起來去詩巫的天主教堂，回來時真的就迷了路。東撞西撞地花了半天的時間才摸回了旅館，真的有點好笑。

楊禮健兄弟將我安排在詩巫的皇冠豪華賓館，我住了一夜，渾身上下都不舒服，是因為我嗅不習慣那個味，於是將它退了。兄弟二人又重新給我找了一家旅館住下，旅館老闆為我專門找人將房間的空調清洗一遍。

去年我在南京，學生蔣行裔也讓我住那豪華賓館，我批評他無端地浪費金錢，就那麼晚上睡上一會，沒有必要花費太大。

翻開護照看了看，不得了！我在馬來西亞逗留的時間不知不覺地就快用完了，達雅民族神秘風情我才剛摸著一點頭緒呢。

拉讓江邊的大伯公廟
陳林書於詩巫
Chen Lin 2012. 4.25.

楊禮健兄弟要給我去辦延期，但汶萊的誘惑又觸動著我的神經，於是決定28日離開詩巫去美里，然後乘汽車入境汶萊。留下這神秘的懸念，下次約朋友一塊專程探訪，有誰願意與我同行？

伊干河又是一番景象，岸邊的高腳樓的確很高，這是馬來人的住宅。

大雙溪新珠安(Sungai Merah)港主黃乃裳紀念碑下，楊禮榮告訴我，過去凡南來的華人，這裏就是他們踏進詩巫的第一腳。

這裏曾是一片墾區，1901年由黃乃裳所率領的三批中國移民在此登陸，並在這肥沃的拉讓盆地墾荒務農，由此奠定了詩巫的經濟基礎。新珠安巴就是他們最初的定居處，並建立了當時典型的店屋款式。

告別港主黃乃裳的銅像，驅車達雅長屋，雷電交加，天上下著傾盆大雨。

這裏的長屋支架很高，我冒雨上了樓梯，幾個達雅小孩帶領著我參觀了他們的長屋；真是氣派，寬大的大廳全都是架空的木板鋪成，大廳內的邊上就是一家家的住房，全都編排有門牌號碼；這間長屋其長度足有500米，寬度大約50米。

說也奇怪，進入長屋，大雨立即便停下了。從另一樓梯下去，認真地在長屋的四周看看並照了一些相片以作資料。隨後我們又走訪了另外的五間長屋，也讓我看見了一些原始的裝束。楊禮榮說我運氣好，他在這詩巫土生土長也從未見著過去原始的達雅裝束。

楊禮榮告訴我，現在一般有錢的達雅人都不願再住這長屋了，另蓋別墅，因為這長屋還存在著一個防火的嚴重問題。

傍晚，伊干河裏有許多小孩戲水，全都光著身爭相地為我表演跳水，其動作實是可愛。

2012-4-27

楊禮健兄弟給我找來許多的有關達雅民族的書籍，我如飢似渴地覽讀著。這些都是先輩攝影師留下的珍貴資料，再現了達雅民族當年的人文風俗。雖然文字我不認識，但其圖片也給了我知識的滋補。

达雅男人
陳林 Chen Lin
2012.4.28

下午驅車去了一條紅色的河流，我不知道這條河是什麼名字，但其河水如同血液一般。清澈見底，有幾條紅色的魚兒在游動，捧起一捧紅河水認真地端詳，卻不敢貿然喝了下去。這是我一生中第一次看見了紅色的河水在流淌，是從婆羅洲森林的深處，彷彿就是大地的血液。

沿河而上，許多達雅長屋建於河的兩岸，突然發現這裏所有的水都紅而透明，滋潤著森林中綠色的植物。

就在這紅水河畔，一口氣喝下了兩碗達雅男人敬上的米酒，引起了達雅姑娘的一片歡聲。是因為今日寨中有一位年輕的「男人」正在紋身，那從皮膚裏滲出的鮮血就如同寨子前紅色的河水。我兩頰緋紅，從火堆上拿起一塊烤熟的鹿肉橫向啃了起來。滿手油脂地往臉上一抹，獲得森林中滿座喝彩。得意地用手一揮，「卡嚓」一聲留下了這珍貴的鏡頭。

根據他們口口相傳的歷史：

兩千年前，楚漢相爭，華夏戰亂。楚霸王項羽失勢自刎於垓下，大批的軍隊和難民流離失所，紛紛向海外逃難。

一隊戰船載著楚國的殘餘部隊和逃難百姓離開了華夏大陸沿南中國海駛向渤泥島並在此登陸。當人馬浩浩蕩蕩地向渤泥內陸進發時，路經一座藤橋，橋下水流喘急，河的兩岸懸崖陡峭，時有紅毛猩猩攀崖而過，傳出幾聲哀鳴。

舉目望去，對岸林木深幽，陰森森似乎帶有一種殺機。部隊首領號令三軍停止前進，傳令先鋒官先行進發。

先鋒官帶領大隊人馬順藤橋而過，勢如破竹地向森林進發，驚起一群野鹿瘋狂奔跑。先鋒官大喊「鹿群」，部隊的官兵也跟著高喊「鹿群」，一

片「鹿群，鹿群」的喊聲在山谷中迴響，驚嚇了森林中窺視的土著人。

原來這「鹿群」的發音在當地就是「砍頭」的意思，於是一場惡戰開始了。

土著人仰仗其有利地形越戰越勇，眼看快打到藤橋了，先鋒官下令砍斷藤橋以保證後續部隊的安全。

士兵手舉刀落，藤橋迅速地掉入江中。

就這一刀，砍出了後續部隊的安全。

就這一刀，將同族砍成了兩群。

就這一刀，砍掉了相互間的聯繫。

就這一刀，砍出了兩種不同的文化。

就這一刀……

先鋒部隊被打散，越走越遠，進入了莽莽原始森林，散居於深山之中，為防其外敵入侵，建長屋群居。

由於他們第一聲喊出的是「鹿群」，人們便稱其為「達雅」，其意就是「砍頭」，雅稱「獵頭族」。

名不虛傳，的確如此，由於生存的原因，他們家家都掛有許多的人頭，那掛得多的便是寨中英雄，方能得到寨中美女的青睞。這就和現在戴勳章的人一樣，那全身掛滿勳章的就是將軍。

猶如上個世紀五、六〇年代，全中國那身上插鋼筆就是知識分子。插一支鋼筆的是中學生；插兩支鋼筆的是大學生；插三支鋼筆的必定是教授、學者。而全身插滿鋼筆的，那一定就是賣鋼筆的了。

朋友鄭鴻凱約我晚上見面，談笑風生，好不愉快。

我的時間很不夠用，一個月來走路、讀書、畫畫，填鴨式地直往我腦裏灌東西，還不知能不能消化呢。

2012-4-28

清晨的腳步格外輕爽，新鮮的空氣似乎給人充

陳林畫Robert
鴻凱仁兄
於婆羅洲
詩巫 Iban Lider
2012.4.27

足了電，精神抖擻；彷彿蝴蝶也有情，送了一程又一程。

找了一輛計程車來到詩巫汽車站，我上午八時從這裏出發，去這次馬來之旅的最後一站「美里」。

朋友鄭鴻凱趕往車站相送，離別依依不捨，一定要送給我去汶萊的路資。盛情難卻，只好收下，也感謝朋友們的熱情款待。

沿途棕櫚成林，好一派熱帶景象。剝開鴻凱兄送我路上享用的火龍果，鮮紅的果汁甜而清心，更覺友情似火，情感珍貴。

鴻凱安排了朋友志良在美里接待於我，也委託朋友蘇謀興開車從美里送我去汶萊。心存這份感激，無法用語言表達。

美里，美麗

2012-4-28

美里，美里。美麗，美麗！

浩瀚的南中國海波濤洶湧，無風也有三尺浪，層層疊疊，一浪高過一浪，海的那一邊就是我的家鄉。我站在巴魯灣舉目望去，只看見一艘艘鑽井船

屹立在海的中央。傍晚收工的漁船正往岸上駛來，遠處傳來男人們的歌聲，渾厚的嗓門如洪水開閘。

我第一次看見這浩瀚的大海，心中頓感寬闊。老漁夫把舟泊在了沙灘，向著這無邊的海洋，尋找那歲月的腳印。

今夜，我要飲下這一片汪洋，同醉人生的滄桑。

志良帶我走進漁村，修船織網如同交響曲在樂師們手中奏響，迴繞在海灘的上空，餘音三日不絕。

陳琳畫志良小兄弟
於美里
2012.4.29.

2012-4-29

　　夢醒時分志良的父親來了電話，要帶我去座落於「加拿大山」上的一號油井，這是全馬來西亞的第一口油井。

　　十九世紀末，沙勞越原住民發現了石油，徒手開掘，舀出「土油」作為修補船隻和夜晚照明之用。1888年，英人查理斯豪在此展開了地質調查並將原油畫樣本寄回英國，隨後便進行了開採，於是首批五百噸原油就從沙勞越船運去了英國。

　　二戰爆發後，1941年日本人侵占了美里，便大肆進行石油開採。1945年日本人舉起雙手投降後，垂下手來便將這些油井放火燒了。戰後沙勞越重建工作便是撲滅這漫天大火。

　　這裏有摩鹿山的摩鹿洞，曾容萬人居住，是普蘭、加央、肯雅族的家鄉。

　　這裏還有十九里瀑布，恰似銀河落入南海，泛起層層迷霧，勾引著我的魂魄。

　　我已經沒有更多的時間再逗留於這美麗的婆羅洲了，留下這許多的神秘將是我心中的懸念，也不知何日才有機會再次訪尋？

2012-4-30

　　我從泰國南部邊境入境馬來西亞，乘坐汽車走了個西馬的通貫直至南亞之極地。因為海峽太寬，游泳不可能抵達，於是駕雲而飛，來到了東馬，也走了個通貫。所見所聞，耳目一新，有驚有險，有情有義，全都是些美好的故事。

九九八十一關，我到底過了多少關？前面還有多少關？彷彿又一個陳玄奘取經，卻實是陳琳偷獵東南亞民族風情。

行囊越來越重，盡是一些破爛紙頭，我卻視為珍寶。已將部分衣物拋棄，還覺背包太小，恐怕到家時也就只剩下我身上穿的衣服了。

不虛此行吧，傳奇多多，我相識了許多的文曲星，也結識了許多的好朋友。這也許就是前世之緣，讓我遠涉重洋隻身雲遊，但願這一路知識轉換成為如詩的畫卷以報答朋友們的熱情款待。

再見了美麗（美里）！再見了我的朋友！再見了可愛的馬來西亞！待到來年花開日，我再與你同醉。

綠色汶萊

■ 邊境的官員看我一眼，

「啪啪」兩下在我的護照上打下了印跡，

一路順風地就進入了汶萊達魯薩蘭國。

一只大茶壺直迎著我，

茶壺的四周還有四只茶杯雕塑，心中好不快樂。

我遠涉重洋，迎來了這香噴噴的熱茶，

而且還是一杯功夫茶，倍感親切。

茵萊湖心金塔
寫於二〇一一年五月
2011.5.6.

2012-5-1

　　邊境的官員看我一眼，「啪啪」兩下在我的護照上打下了印跡，一路順風地就進入了汶萊達魯薩蘭國。

　　一只大茶壺直迎著我，茶壺的四周還有四只茶杯雕塑，心中好不快樂。我遠涉重洋，迎來了這香噴噴的熱茶，而且還是一杯功夫茶，倍感親切。

　　清晨，我的朋友蘇謀興開車來接我，沿高速公路向汶萊駛去。平靜的海灣一陣輕風，吹動岸上椰林頻頻與我揮手，彎腰致禮。赤道的一陣小雨，幾滴熱淚落在了汽車的攔風玻璃上，更覺馬來西亞之情深誼重。

　　似乎汶萊的大海更加地藍，天也更加地清，海島綠樹成林。許多如同別墅的民居鑲嵌的密林之中，設計也是非常地高雅，土紅與橄欖色的屋頂並不張揚，與四周的環境渾然一體。

　　汶萊沒有多少高層建築，更無沖天大廈，全島一片森林連接，恰似公園之國。

　　朋友告訴我，這裏就是汶萊蘇丹國王的行宮。我下車仔細端詳，白色的建築古色古香，帶有十分的阿拉伯色彩。小小巧巧地坐落在這綠草茵茵的海邊，絲毫看不出有什麼炫耀，它和民居一樣地協調。

　　蘇謀興在汶萊與人合作了一家LS公司，經營建築、建材和其他的項目。在他們的公司裏看見汶萊蘇丹視察公司的照片後，更覺這個國家人情味之濃厚。

　　用過午餐又繼續地帶我遊覽，驅車沒有多長的時間，已跑出了半個汶萊國土，所見所聞盡是安逸的生活。

　　人們與事無爭，和睦相處，好一個世外桃源。

　　汶萊，世界上最富有的國家之一，有著高度的物質文明和精神文明，也是一個高工資高消費的國度，但人們並不揮霍，只有富豪沒有大款。

　　我們沿南中國海岸行駛，來到了斯里巴加灣。

蘇謀興仁兄惠存
陳林寫於汶萊時在
二〇一二年五月三日

陳林島於汶萊 Brunei
chenLins 2012.5.1.

幾個世紀前，這裏還是一座小小的水上村落，當地人稱為「坎旁‧艾爾」，意為水上村莊。1970年現任汶萊蘇丹為表彰其父的建國偉業，將斯里巴加灣市正式命名為「斯里巴加灣」意為「受尊敬的高貴之人」。

這裏草木青翠，繁花似錦，汶萊河中一片片木製房屋建於水中，規模龐大，造型別致。

為了我的方便，朋友在這裏幫助我找旅館住下，走了好幾家，但價格相當地昂貴。對於我這個流浪畫家腰中並沒有幾個小錢，實無能力承受。最後選擇了一家最便宜的，價格仍是每晚五十汶萊幣，也相當於五十美金了，無奈，只好住下。

2012-5-2

背上速寫包碰碰運氣，沿旅館的周圍走了一圈，人們現代化的生活優哉游哉。

我向別人打聽去水村的路線，但卻找不到計程車，公交車也非常地少。是因為這裏人人都有車，無需這樣的交通工具，無奈只好給朋友電話送我去汶萊水村。路經汶萊蘇丹王宮，全是綠樹包裹，看不見它真實的面目，只好在皇宮的門外與員警合影以作留念。

陳林等於汶萊 BruNei
ChenLin
2012. 5. 2.

　　清澈的汶萊河水碧波蕩漾，倒映出規模宏大、富麗堂皇的蘇丹王宮宮殿，唯見一個金色的圓頂，讓人遐想。長長的森林沿河延伸而去，林中確是金碧輝煌，據說這是菲律賓著名設計師洛克辛的作品。整個皇宮三面環水，對岸無人居住，灌木叢生，皇宮居高臨下可鳥瞰首都斯里巴加灣全景。

　　討價還價，二十五汶萊幣乘船沿水村遊覽一圈。汶萊水村距今已有四百多年的歷史，1521年隨同西班牙麥哲倫遠航的義大利歷史學家安東尼奧抵達汶萊時，就一頭醉倒在這汶萊河畔。好不容易地將他扶起時，醉眼婆娑

汶萊蘇丹皇宮
陳林等於汶萊 Brunei

水上汶萊村 BruNei
Chenlin
2012.5.2.

指著水上的建築直說：「東方威尼斯，東方威尼斯……。」

雖說現在水村的人口已經少了，但也不下於二、三萬人，仍是世界上最大的水上村落。岸邊王宮若隱若現，清真寺、外交部大廈、汶萊博物館風格迥異，分外妖嬈。

船夫不時地向我介紹：「這裏是水上消防隊，這裏是水上警察局、這裏是水上學校……。」我目不暇接，驚歎這汶萊的精華似乎都在這汶萊河畔。

過去居住在這裏的人們是以捕魚、修船及小手工製造為業，如今卻不一樣了，這裏有許多的公務員和公共設施工作者、企業老闆或私人企業工作人員。

參觀汶萊王室禮儀陳列館，管理員不許我帶相機進入館內，但允許我帶速寫本和一支鋼筆，我們高興地根據指示標記進行參觀。

這是為慶祝現任蘇丹登基二十五週年建立的。館內正面的玻璃窗裏展示了熱情迎賓的氛圍，圓型的屋頂似同王冠，象徵至高無上的權力。這裏逼真地展示了國王登基的儀式，讓我大開眼界。

星期六，汶萊博物館是早上九時四十分才開館，我們八點多就來到了這裏，管理員非常有禮貌地向我們解釋，讓我們稍作等候。

這裏離首都斯里巴加灣6.5公里。博物館裏共有兩層六個展廳，分別展出了伊斯蘭藝術、汶萊石油發展史、汶萊自然地理、汶萊傳統文化、馬來人

王堂礼仪陳列館
陳林寫於汶萊 Brunei
chen Lin
2012.5.2.

生活習俗及手工藝品和汶萊歷史，還有中國明代陶瓷等等，由此可見中國和汶萊自古以來就有著密切的交往。

2012-5-3

今天，我一人糊裡糊塗地走進了一個公園般的小山崗。

這裏景色如畫，環境優雅，當站在小山崗之頂一望，原來是一個墓地，於是下得山來，心中想著這麼大而美麗的地方，死者一定安息。

沿公路走去，清風徐徐，鳥語花香。一輛豪華小轎車停在了我的身旁，車上下來一位環衛工人，打開車的後蓋，取出一個吸塵器開始在公路上吸取灰塵。我很吃驚，這原本家庭用的奢侈之物在這裏卻是用於公共衛生，怪不得我走在路上一塵不染。

與汶萊的東南亞著名作家「慕沙」和「一凡」有約，朋友蘇謀興用車載我去了馬來奕。這裏是一座油城，汶萊經濟的中心，汶萊國的石

陳林寫於 Brunei
chen Lin
2012.5.2.

油和天然氣開採幾乎都集中在這個區，這裏還出產水稻、木材和胡椒。

我又回到了入境汶萊時所見著的蘇丹國王行宮，「慕沙」和「一凡」就住在這行宮的旁邊。這是一幢非常漂亮的別墅式住宅，不久前作家冰心的女兒吳青也曾來訪。

「慕沙」是作家劉華源的筆名，曾任汶萊馬來奕中華中學董事長十年之久，是新加坡《新世紀學刊》的法律顧問，已有著作多部。「一凡」則是東南亞女著名作家王昭英的筆名，「世界華文文學會」副會長，「亞洲華文作家文藝基金會」董事，主要作品有散文集《跨越時空的旅程》、詩文集《灑向人間都是愛》等等。

沒葉环工工夫
陳林書於汶萊, BruNei
chen Lin
2012. 5. 3

由於我的來訪，他們早已等候在家裏，見面時卻都沒有將我認了出來，「你怎麼和這裏的土著人一樣地黑呀？」

是的，這段時間都曝曬在烈日之下，沐浴著陽光的溫暖，赤道的絲絲涼風吹散了我的頭髮，椰林舉著有力的手在我的身體上塗了一層黝黑的色彩。

「朵拉看見了一位白色的陳琳，一凡則看見了一位黑色的陳琳」，我們開懷大笑。

話很投機，我們討論文學和藝術，都非常地喜歡吳岸的詩句，讚歎這位偉大的詩人。

慕沙說：「理性思維和形象思維是文學的兩隻翅膀，沒有思想，沒有想像力，或者其中缺一，文學不能起飛或平穩飛翔。」是的，藝術也是如此，沒有理性的思維，光憑胡思亂想，談何藝術。

慕沙與一凡將他們的著作送給了我，我愛不釋手，挑燈夜讀，其散文語言如同天籟之音，美不勝收。

劉華源老師
惠存 雅正
陳林畫於汶萊時
在二〇一二年五月四日

2012-5-4

　　從東馬來西亞的尼亞比（Niab）洞窟發現的三千五百年前人類頭顱骨為證，汶萊已有幾千年的歷史了。

　　傳說汶萊灣的林夢河邊有一只神蛋，經日月精華九九八十一天的孵化，一位神嬰出世了，神嬰見風而長，成了一位強健的男人。與當地穆魯（Murut）部落的一位女子結婚以至懷孕，懷孕後的女子胃口奇異，每天都要吃一些當地沒有的而且稀奇古怪的東西，愛妻如命的男人手持弓箭外出尋找。

一凡老师惠存
雅正
陳柏画於汶萊時
在二0一二年五月四日

　　期間他又遇上了十三位女子並娶以為妻，先後生下十三個兒子，加上元配妻子所生的長子，共有十四個兒子，他們相親相愛並擁長子阿旺·阿拉克·貝塔塔爾為首領。

　　一天，兄弟幾人劫持了柔佛州蘇丹的女兒，柔佛蘇丹聞訊十分焦急，立即派車並帶上公主的愛鳥將公主接回。

　　誰知公主與阿旺·阿拉克·貝塔塔爾一見鍾情，不想回去，公主對愛鳥說：「你回去告訴我的雙親，我已與上蒼的兒子結婚，懇求父王恩准。」柔佛蘇丹愛女如珍，只好同意了公主的意願並將其女婿立為穆哈瑪德一世蘇丹，封他的弟弟們分別管理汶萊蘇丹國的其他職位。

　　後來一世蘇丹的弟弟阿赫默德（Ahmad）繼承了王位，其女兒與阿拉伯人沙里夫·阿里（Sharif Ali）結婚。據說，沙里夫·阿里是真主的後代而成為三世蘇丹，率先修建了清真寺並在汶萊廣為傳播伊斯蘭教。

2012-5-5

　　汶萊達魯薩蘭國意為「和平之邦」，其實這裏還是一個禮讓之邦呢。

　　幾日來朋友蘇謀興帶著我穿行在這個海島上，走遍了全國的角角落落，

所到之處無不禮待，所遇之人，無不笑臉相迎，親切招呼。

汶萊水村
陳林書於汶萊BruNei
Chen Lin
2012.5.4.

這裏沒有打架鬥毆，沒有偷劫扒拿，沒有酒後駕車，也沒有爭風吃醋……。總的來說，許多的社會不良行為這裏也都不會看到。

如若你要戒除酒癮，那你到汶萊來，全國沒有一家酒館和酒吧，連卡拉OK和歌舞廳都不會有，更沒有賣酒的商店。

如若你要戒除煙癮，那你就到汶萊來，這裏買煙很困難，幾乎沒有香煙出售。

如若你失戀而厭世，那你也到汶萊來，這裏的人們都會親熱地對待於你，撫摸你的心靈，讓你心情舒暢。

的確如此，這裏就是一個和平之邦，她不但人與人和平共處，還是一個人與自然和平共處的國度。全國三分之二的國土由森林覆蓋，許多的原始森林至今無人涉足，所以這裏還是一個野生動物的天堂。

2012-5-6

汶萊，古稱「渤泥王國」，和中國有著歷史悠久的外交往來，僅有文字記載的便是兩千多年。到了明代，是兩國友好的最高峰時期。

1405年，鄭和艦隊訪問渤泥王國，將中國的文化、經濟、輕工業等帶到了渤泥，幫助渤泥國各領域的建設和發展，也將這裏的一些技術帶回了中國，艦隊的官兵就是從這裏學會了採集燕窩而將技術帶回中國。

1408年，渤泥國王攜家屬、陪臣等一行一百五十人回訪了中國，成為第一個到中國進貢的宗主國國王。渤泥國王後來不幸在南京去世，葬於南京城郊

的石子崗，即現在的南京雨花臺區鐵心橋鄉東向花村。由此可見，中國與汶萊有著特殊的關係，雖然十六世紀末西方殖民者入侵汶萊後兩國關係一度中斷，但民間交往從未停止。為此汶萊總是將中國看作是特殊的朋友。

常聽朋友介紹說：蘇丹國王勤政愛民。現又出資修建了許多的住宅，專供還不能購買房屋的人民免費居住，待住滿一定的時間後，那房屋就歸你所有。還說：蘇丹國王常出資補貼老百姓的生活。所以，汶萊公民購買食品非常地便宜。

的確如此，汶萊人民所食用的都是上等泰國香米，其價格比泰國還要便宜許多。

2012-5-7

由於時間的倉促，我不能在汶萊住得太久，雖說汶萊政府給了我較長的逗留期，但我只能用上一小部分，只好再度穿越南中國海返回曼谷。

蘇謀興送我到了機場，我一步三回首地離開了汶萊。天邊搭起了一座彩橋，赤道的雨林潤我一身的芳香，彩橋上飄來一朵白雲，瞬間鑽進了我的速寫夾，我將她小心地藏在心中，珍惜這真誠的友誼，順彩橋而下，卻還是汶萊綠色的天堂，也是我前生到過的地方。潺潺汶萊河水源源流長，河的盡頭就是美麗的南中國海灣，海灣的對面——我的家鄉。

泰國北部采風掠影

2008年7月，
在泰國曼谷被詩琳通公主的「五景文化」，
即中國的景洪、緬甸的景棟、泰國的景邁(清邁)、
景萊(清萊)、寮國的景通(郎勃拉邦) 之說所感動，
激起了我的好奇之心，背上畫箱、手提行李，
買了一張火車票，獨自一人就去了金三角地區。

茵萊湖心金塔
寫於二○一一年五月
2011.5.6.

一闖金三角

　　2008年7月，在泰國曼谷被詩琳通公主的「五景文化」，即中國的景洪、緬甸的景棟、泰國的景邁(清邁)、景萊(清萊)、寮國的景通(郎勃拉邦)之說所感動，激起了我的好奇之心，背上畫箱、手提行李，買了一張火車票，獨自一人就去了金三角地區。

　　詩琳通公主是我所敬佩的人，也是我學習的榜樣。她是一位漢學家，中國書法功底之深可謂入木三分。她曾三十多次造訪中國研究漢學，她說的「中泰一家親」讓我翻閱了許多的資料。有人說泰國人是由中國新疆阿爾泰山南遷至泰國的，我也不知道這是否就正確。但這群山懷抱，雲煙繚繞的「金三角」的確是氣候宜人，我在那裏畫了幾幅油畫和許多的鋼筆速寫，後來大部分都被人收藏了。

　　金三角位於寮、泰、緬三國毗鄰，該地區過去以生產毒品聞名於世，並給人留下神秘之感，但其迷人的自然景觀卻鮮為人知。這一地區山多谷深，山頂飄有層霾，谷中濃霧如雲，湄公河的幾十條大小支流穿行其間。加之林木叢生，植被良好，原始森林茂密，山青水秀，如臨仙境之感。這一帶群居著大象和各種野獸，有成群的孔雀和各種稀有飛禽，是一個鳥語花香的天然動物園。

　　清邁的人大多都是夜貓子，白日裏街上沒有多少人，靜悄悄地，他們

清邁佛寺
陳樹昌作 二〇一一年四月
chen 2011. 4. 25.

清邁
寺南内院路中的佛像
陳坤松寫於二〇一一年四月

習慣於夜生活，一般都要在早上十點鐘以後才開門營業。今天正好是星期日，聽說這裏的星期日夜市非常地特別，便有意早早地來到夜市的市場。護城河邊有一座泰國王儲的巨幅畫像，從這裏開始就是今晚的夜市了。

夜幕降下，霓虹燈陸續地閃出光芒，像一個個妙齡少女，向你投出挑逗的秋波，我情不自禁地向夜市走去。

人流如潮，兩條大街擁擠得水泄不通，街道的兩旁都有各種的攤位，街上還有載

歌載舞的團體出現，熱鬧極了。突然我發現這裏的員警和其他地方的不同，還有碧眼黃毛、體大腰粗的外國人，他們也能在這裏荷槍實彈地訓斥那些不守規則的泰國人。

一陣陣的葫蘆絲演奏聲讓我尋聲而至，經打聽是一群雲南師範大學的學生利用假期在這裏表演西雙版納舞蹈。

我肩膀被人拍了一下後，一聲「阿琳」擊打我的耳膜，回頭一看，這是我的一位泰國朋友猜亞（Chaiya）。我過去不知道他的家就在清邁，只是他常去寮國的萬象看望我，也常給我帶來些泰國的土特產。他鄉遇故知，這是何等的樂事，於是，我

陳坤松寫於二〇一一年四月
清邁寺南中的佛像

們倆擁抱了起來。猜亞帶我去吃清邁最有特色的小吃，味道真是美極了。

第二天，猜亞用摩托車帶著我遊覽了整個清邁城，也參觀了清邁的所有畫廊，這一天，我們玩得十分地開心。

離開猜亞，我去了清萊。從清邁往北約三個小時車程，經昆曼高速公路，就抵達泰北的重要城市—清萊。清萊地處海拔350米高地，氣候涼爽舒適，據說清萊建城較清邁早三十年，北與緬甸、寮國交界。長久以來，清萊保留了原始與傳統的風光，尤其是地理位置處於名聞世界的傳奇金三角核心，帶給人一種神秘之感。

金三角的中心湄賽（Maisai）有一所伯特利聖道神學院，我有一位朋友在這裏學習神學。於是我打電話給朋友，說我將造訪神學院，朋友答應了我的要求，我在那裏住了幾個晚上，跟神學院的學員們一起領略了「上帝」的恩賜。我的寮語和這裏的語言大致相同，我問了當地的一位山民：「如今你們不能種植鴉片了，如何生活?」山民抱怨說：「這裏本無鴉片，是英人強行種植，如今這良田都已荒廢，不太好種其他的植物了，你說怎麼辦呢？」

這讓我想起了馬德里傳教中國的故事。一百五十多年前，西方人推出「東方從屬於西方」和「劣等民族的東方」的理論。馬德里奉命傳教中國，都因清政府閉關自守，敬而遠之，鎖國求安的消極手段，拒之於國門之外。效忠於使命的馬德里不願離去，漂流於幾個海島之間，不得登陸，鷹嘴般的鼻樑

上，兩隻眼睛直勾勾地注視著大陸中國。無奈，馬德里在香港受命於美國翻譯《新舊約全書》，果然馬德里不負重任，譯得此書，也就是現在中國廣為傳流的《聖經》。從此，在這具有五千年文明文化和高深的漢學海洋裏激起了層層波濤，演繹出百年來東方大陸的凌辱史和中華兒女海外漂泊的血淚史。

國門敲不開，「福音」傳不進，西方列強施以毒招，美名以福壽膏（鴉片）作為轟門之炮，使其中國人都成為東亞病夫，方能任其擺布。於是一支主要由英國軍隊組成的神秘特種部隊便悄悄地開進了崇山峻嶺的緬、泰、老交界地區，後被稱為「金三角地區」。西方政府在這裏投入了大量的資金，並施以暴力強迫居民們種植鴉片，並由西方政府壟斷收購、統一加工，然後販至中國。這是專門為中國人民生產的毒品，也是將其變為羔羊，任其宰割的屠刀。由於清政府在雲南邊境的嚴加防範，鴉片不得由此入關，計畫難以得逞。於是西方政府選擇了強制性的海上入侵，施以船堅炮利，最終以鴉片戰爭炸開了中國的大門；再以八國聯軍火燒圓明園，華人與狗視同，搶食中國土地。

一日，一位歐洲畫商給了我許多的資料，說這是西方人幫助中國人戒毒的黑白照片，要我以此作為題材，為他創作一些西人高尚地為中國人戒除毒癮的油畫，要我說明現今中國的毒品是由西方人來戒除的，其畫價格不菲。當我看到照片上的中國人都斜躺在榻上似醉如癡地吸食鴉片的情景，我的心如同刀絞，氣壞了。是西方國家製造了悲劇，還假惺惺地說幫助戒毒，何其滑得這天下之大稽。我拒絕了這位畫商的要求，絕不畫這無聊之作，畫商罵了我一句後就與我們打了起來，在被我擊中一拳後，他氣沖沖走了，從此再也沒敢進入我的畫廊。後來聽說他又去找了其他寮國畫家來畫此畫，也被寮國的畫家們拒絕了。

民族的奇特風情是金三角地區不可錯過的景觀，海拔1000米的亞帕村（Yapa），就居住著這樣的民族：長頸族、長耳族和阿卡族。

長頸族是由泰國北部與緬甸邊界喀倫族群（Karen）的一個支系巴東（Padaung）族所組成的。實際上，「長頸女」的頸部長度和普通人並沒有什麼兩樣，而是她們的鎖骨和肩骨因銅圈的壓迫而下陷。按照這裏的習俗，女孩在五歲的時候，就要在頸部及四肢套上銅圈和帶上1公斤重的銅

環。十歲開始便每年在頸上多加一個，一直加到二十五歲為止。長頸族覺得女人的頸部越長就越美，所以從五歲開始，這些環只能往上添，不能往下拿，終身都要佩戴。晚上睡覺的時候只取下後面的豎環，而其他的環是不可以取下來的。她們幾天才洗一次澡，由幾個人互相幫助，用布在環和脖子間搓洗。

　　很多人說，長頸族是因為頸上的環支撐而慢慢地把脖子拉長了，這其實是不對的，事實上她們脖子的長度並沒有太多變化，這些環的作用是靠重力把肩膀壓低，顯得脖子特別得長。所以當她們需要治病而不得不將其臨時摘下時，她們的脖子長度也將會縮小。

　　一旦戴上銅圈，這些女性就等於一輩子上了枷鎖，因為她們的頸部肌肉會變得十分脆弱，離開銅圈頸部就會有斷裂的危險。他們相信人類的祖先，男人是龍，女人是鳳，龍和鳳是最尊貴和至高無上的，說什麼生在世上的人都要追求做龍做鳳。

　　在長頸族村落隔鄰便是長耳族村落。顧名思義，他們的耳朵果真比平常人大得許多，他們用銀飾將其耳垂弄大，寓意幸福長壽。耳洞越大，耳垂越長，就表示該人越有福、越長壽。

長耳族村落裏的女孩子從小就用繩子綁著彩石掛在耳珠上，然後不斷拉扯繩子和小石子，長年累月，一直把耳垂的肉扯裂，破開成為一個大洞，她們認為，這就是美，耳朵越長就越美！

這裏還居住有阿卡族，我將她們稱之為「露奶族」。她們頭飾無比地華麗，頭上穿插金、銀飾品，後面還插有一支美麗的鳥類羽毛，十分別致。就是上身不穿衣服，露出一對大奶，顯得十分地性感、漂亮。阿卡族認為牙齒越黑就越有魅力，所以阿卡婦女會將吉司亞、煙葉、石灰粉等包裹在檳榔葉裏放入口中慢慢咀嚼，把牙染黑。

懷情湄索

2011年的佛曆新年「潑水節」剛一結束，沐浴了吉祥之水的洗禮之後的我身輕氣爽。

湄南河的4月下旬在節日過後，顯得非常地寧靜。夕陽西下，一隻小船漂蕩在河的中央，艄公搖動雙槳，蕩起線線微波。湄南河岸，燈光若隱若現，泛起粼粼金色的波光。河面微風吹來，仍帶有幾分白日的餘熱，但已經有了一絲涼意。

晚霞已隨夕陽遠去而消失，五彩繽紛的天空逐漸變成了深灰色，天上濃密的雲層掩蓋了美麗的星空，月亮還沒有升起來呢。

遠處深沉的歌聲響起，更覺夜色迷人，這正是年輕的情侶在河畔那一片芳草地上，面對著充滿密情的流水，點燃了心中的篝火。

流水淌過船身，發出輕輕的淙淙聲，一隻夜遊的鷓鴣，飛過船體，在夜空中，喊出一聲聲的「孤獨，孤獨」。

我獨自坐在這湄南河畔，在夜色裏，陷入了久久的沉思。緬甸大使館已發給了我入緬的簽證，我迫不及待，別出心裁想要從陸路進入緬甸，希望從陸地乘坐汽車能夠多瞭解一些緬甸風土人情和能夠多畫一些緬甸的速寫，以便我將來為《金色緬甸》組畫的創作積蓄更多的素材。我在地圖上用紅筆畫好了路線，想直接地從泰國的湄索口岸入境緬甸，因為這條路線去緬甸仰光最近了。

於是我購買了開往那空沙旺的火車票。

　　在泰國，最為廉價的莫過於交通費，我只用了四十八泰銖（合人民幣不到十元錢）。

　　其實我的行李很簡單，除了幾件換洗衣服外，就是一瓶碳素墨水和一支鋼筆，還有一只裝著些亂七八糟紙頭的塑膠盒子，我每一次采風都是這樣，因為這更利於我收集素材的工作。

　　到達那空沙旺後我改乘汽車於第二日的中午到達湄索，我先去了當地的中國廟找人詢問出境情況。我的確不知道這個去往仰光最為捷徑的通道早已封關了，於是只得在此住下，認真地重新修改旅行路線，準備經清邁進入「金三角」從湄賽出境。一路走來演繹了一段傳奇，以致後來三改旅行圖。

　　湄索現有華僑一千多戶，平日裏生意都很紅火。可是現在這熱鬧的邊關如今變得冷冷清清，他們整日裏都在中國廟裏打麻將等待著有朝一日重新開放關口。這運往緬甸的物資堆積如山，盡都放在口岸上。

有華僑說願意送我出關，我拒絕了，我有緬甸的簽證又何必去幹這種偷渡之事呢？

晚上和幾個緬族人一塊聊天，他們都會泰語，我買了兩瓶白酒請他們教我緬語。在這裏我學會了十幾句基礎語言，也就是臨陣磨槍，說不定都能派上用場。

曼谷的朋友們不放心一再打電話詢問我為什麼不乘坐飛機出境，像一個偷渡客一樣總是在泰緬邊境遊蕩。我解釋說我這是在采風，朋友們不太明白「你不就是寫生嘛，哪裏不能畫呀？非要跑到邊境去做一些危險的動作，讓我們跟著你提心吊膽。」

其實，「寫生」與「采風」是兩個根本不同的概念。寫生是為了收集造型和訓練技巧，其意義較為簡單，也可以遊山觀景甚是好玩，也可以支架作畫更為瀟灑，以此使得技能有所提高。采風則是領略人文風情、收集故事、製造傳奇，讓大腦中裝滿故事，然後再將這一個個的故事表現出來。最有益的采風是參與到故事中，去扮演故事中的一個角色。所以我常說「大腦空了要充電」，也就是說大腦中的故事講完了，沒有什麼新鮮的玩意了，就需要再去尋找故事和製造故事，用新的故事再將大腦裝滿。

創作不是將人物或風景有取捨照貓畫虎地搬下來就行了，那是一台稍稍先進了一點的照相機。創作應充滿思想和故事，讓人從中領略到一個人對事物的感受和對於自然界的感悟；這就跟小說家在著作一樣，先要有故事，然後才能深入地表達。至於表達的是否深刻，那就談技巧了。

幾年前的一天，一位據說很有錢的中國人來到我的畫室，他背著雙手看完了我的畫後詢問價格並大聲地說：「為什麼要賣這麼貴？塗塗塌塌的有什麼好看呀！你看那書店裏賣出的畫光光滑滑多漂亮。」我解釋說這些都是我的創作，我是一位畫家。有錢人說：「什麼畫家？畫家也不是你自己說的！再說下去，老子就要打你！」後來我認真地思考了有錢人說的這些話，覺得不是完全沒有道理，就從此開始，我再也不說自己是「畫家」了。

清晨，湄索賓館的摩托車送我去汽車站，走不了多遠，我被一群邊防員警給攔下了，他們說：「看見你昨天在街上畫來畫去的，都畫了些什麼？」我將速寫給他們檢查，他們笑我說話太土，像一個從山裏下來的老山民。

泰北山民
陳琳寫
於Pai
2011.4.29.

湄索山民速寫圖
Chen 2011.4.8.
Bill

是的，泰國人都說我說話很土，只要我一出口，便會引起哄堂大笑。原因就是我常在山裏跟山民打交道和畫一些山民，也就學會了一些土話。如今我又學會了幾句緬語，也是跟山民學的，我不知道去了緬甸，人們還會不會笑我也很土氣。不過，這「土氣」有時也給我帶來了許多的方便，在氣氛緊張時，幾句土話引得全堂哄然大笑，調節和緩解了緊張的氛圍。

湄索是一個有較多少數民族的地區，最多的還是要算緬族人了。這裏的確值得多住幾日，但我還是戀戀不捨地走了，因為這裏是邊境，朋友們總是用電話勸我離開。

大巴士停下了，員警們帶著幾隻狼狗例行檢查，我給他們看了護照，員警們很客氣，不一會就放行了。泰國的交通很方便，就是山路也是非常地寬敞。汽車沿山而下來到了達府，我在這裏稍作停留，上了前往清邁的汽車。

清邁我並不陌生，幾年前我來過這裏，新年後的清邁似乎顯得有些冷清，這古老而美麗的街道上已經沒有幾個行人。

晚上好友猜亞(Chaiya)請我去吃飯，還有幾位清邁繪畫界的朋友，酒過三巡，朋友們力勸我留下，並說：「像你這樣去畫畫，現在清邁還沒

有。」並開玩笑說：「留下後你就是這裏的祖師爺了。」我只是笑笑。他們又帶我參觀了一些畫廊，大多都在臨摹別人的作品和製作工藝繪畫，金光燦燦的工藝繪畫品，有的作品的確很漂亮。我發現這些畫廊所出售和摹仿的作品基本上都是中國西藏和新疆的人物形象，很多「畫家」只是用碳精粉在那裏描畫。

我這個人有太多的好奇，背著行李就去了清邁的「美瓶大酒店」尋找那1502號房間，是因為一代歌星「鄧麗君」就在這個房間裏去世了。我想在這房間裏住上幾日，看夢裏能不能見到鄧麗君，誰知這酒店老闆就是不讓我住。這讓我想起當年在南京藝術學院求學時常翻出學校的牆頭進入古林公園寫生畫畫的情景，我跑遍了南京城的每一個角落，為了能一睹林立果的「愛妃」到底有多麼美。在翻越南京前進歌舞團大院外的牆頭時摔了下來後爬上一個窗臺偷看，搞得我左腿痛了一個多月都不見好轉。石頭城、中山陵、夫子廟、新華門、棲霞山、燕子磯……，到處都能看到我坐在那裏寫生，我沒有功夫考慮別的問題，只恨學習時間太過短暫。

離開了清邁來到了清萊，由於新的汽車站離市區較遠，一輛摩托車將我帶到了一處鄉下旅館，我想了想，算了吧，就住這鄉下旅館了。我還可以在這「金三角」的鄉下走走，畫一點清邁的鄉間，情趣也是非常好的。

我是這鄉村旅館中的第一個客人，所以老闆對我很客氣，住下後便帶著

我去了田野裏。這裏田肥景美，氣候宜人，如若不是神秘的「金三角」給人帶來一些恐怖的思緒，這裏的確就是一個人間天堂。

我在田間畫了幾幅畫後，覺得有點累了，於是早早地回房休息。不一會，晴空一聲霹靂，大雨傾盆而下。我看著這大雨有力地打在小院的水泥地上，知道這雨季就此開始了。

我似乎被一位湄索的姑娘一見「鍾情」了，這還是我在達府的汽車站候車時，我看著一本有關苗族人過新年的畫報。其中有幾個細節我尚未弄得明白，於是請教鄰座的兩位姑娘，其中的一位熱情有加，於是就拉起了家常。我也就此機會向她們打聽湄索的風土人情和生活習慣，姑娘要了我的電話號碼。

大概十分鐘左右，我便告別她們上車了，這下可好了，我走到哪裏她的電話就跟到哪裏。這不，又來電話了，問寒問暖備是親切，還叮囑我路上要注意安全，要我在緬甸也要給她電話號碼。我真走「桃花運」了，不過這「桃花運」並不是什麼好運哦，俗話說「情場得意，業場失意」嘛，但多認識一個朋友也不是什麼壞事。

再闖「金三角」

「金三角」的中心地區湄賽，這也是我幾年前曾經來過的地方。當時我在這裏曾畫過不少的速寫和油畫，幾乎都被人收藏了，如今我只保留了一兩幅以作紀念。這裏有一所神學院，我認識這神學院的院長，也曾在這裏借住過幾日，但我這一次不想去拜訪他，是因為我的目的是想去緬甸。

出了泰國的邊境來到緬甸撣邦的口岸，員警更是客氣；可是在他們給我蓋章時卻並不理會緬甸政府給我的簽證，重新給我一本似同護照的證件；只允許我在這邊境的周圍玩上十四天，還要派上一人跟隨著我，不可以從這裏去往東枝和仰光，並將我的護照留下了，要我在出境時用他們發給我的新護照換取。我心中不太高興，找了家旅館住下，誰知在這個地區美金是沒有什麼用處的，就是兌換也不允許，這一下可真的急壞了我，看來從陸路去仰光還真的是件不可能的事。

湄賽過境就是緬甸的大其力奔孔，我找了一位華僑聊天。這位老人叫鄭

仁和，祖輩是從雲南來的，但似乎這位老人什麼都不敢說，十分小心地與我對話。瞭解到這裏有華人幾千戶，邊境口岸下面就是一座中國福德廟，還有一座觀音堂，觀音堂裏有一所中文學校，除了教授中國的孩子外，還有許多的本地各民族學生。我在街上碰見一位緬族小女孩，追著要和我對講中國話，十分地可愛。

下午六點多，突然大地晃動了一下，鄭仁和老人說地震了，立即跑出屋外。不過就這一次晃動，我並沒有什麼感覺。一月前離這裏不遠的地方曾有一場大地震，據說還死了一百多人呢。我還是回到旅館早早地休息吧，安全第一嘛。

我在這裏的街頭畫速寫引來許多緬人的圍觀，一位華僑告訴我：「你是第一位敢到這裏來畫畫的畫家。」我不知道他說的是真還是假，但我心中還是非常地高興。

幾日後的清晨我從緬方換回我的護照後一直往橋的另一頭泰國方向走去，當走到橋中央時我停下了，一條並不寬敞的河溝兩岸相應而立的樓房隔開了兩國的界限。雖然這景色十分地美麗，男女青年可隔岸談情，但相親也就有些困難了。我迅速地打開了速寫夾，將這一場景記錄了下來，這幅畫雖很潦草，但可真是難得的速寫，兩國的員警都沒有管我。

在泰國簽證處，員警讓我先背上行李入境去泰方街上複印護照和兌換美金，然後再回來重做簽證。我很納悶，難道他們就不擔心我會跑了嗎？

複印好護照後我在泰方街上吃了早餐，慢慢地回到簽證處，員警要我在一邊等候。這時來了一位和尚，他高高的個子一臉的和藹，微笑著摸了摸我的頭，並在我的頭頂上揉了幾下，然後大方地從員警手裏要了申請表填寫。和尚和我聊了起來，我知道了他是一位韓國的和尚，在金三角已經有了三十多個年

頭。和尚對我很親切，待我們都簽證完畢並辦好了入關手續後，我跟在和尚的後面，和尚對每一個在場的員警都一一摸頂通過。

在正式進入了泰國境內，和尚要我停下，一邊給我栓珠祝福一邊給我念經去災，我舉起右手閉目默默地聽他為我祝福。在栓珠結束後，和尚又一次長時間地為我灌頂念經。完畢，我雙手合十與和尚告別。

這外國的和尚就是比本地的和尚念經要好聽得多，怪不得中國的油畫家們大多都在模仿外國人的技巧。

畫了幾幅速寫後，看看天色已晚，我坐車回到清萊。一路上有多次的例行檢查，我手裏拿著護照並打開了行李，奇怪這員警們每次都不對我檢查。我有點急了，將護照主動遞給他們，他們連看都不看，只是笑著對我點點頭。太瞧不起人了嘛，就不怕我也會帶毒品嗎？

現在的清萊正準備分出兩座城，即清萊1和清萊2。當然這清萊1就是原來的古城了，這裏有著悠久的歷史，比清邁建城還早三十多年呢。這裏保留著原始與傳統的自然風光，尤其是地理位置處於名聞世界的傳奇「金三角」核心地帶，帶給人一種神秘之感。

我認識尚邦雲先生是在曼谷「首屆中國—東盟經濟論壇」的晚宴上，這是一個有著許多傳奇的老人。他曾是前國民黨「金三角」的93師段司令的侍衛長官，現在做茶葉的生意，將「金三角」的茶葉銷往世界各地。這位個子不高，常常面帶微笑的老人誰也看不出他曾是「金三角」的風雲人物。若有時間我要專門地寫一寫他。

「金三角」來了一位畫家，人們當作稀奇事在傳播：「這幾天的鄉間和街頭都能發現他的身影。」我成了這裏眾人注目的人物。

的確如此，從「金三角」聞名到現在，這裏就不是「文化人」會來的地方，至今也讓遊客卻步。其實我這已經是第二次獨闖「金三角」了，這裏的人們並不為難於我，而且還處處為我提供方便，但就是不願意與我說話，用一種神秘的眼光看著我。

清萊金色∞
陳林寫於金三角 Chenlin 2011.4.20.

當然，在這裏我根本就看不到毒品，因為我並不是這一路人。

「金三角」是一個三不管的地方，泰國不管，緬甸不管，老撾也不管，所以這裏就有了許多無國籍的居民。這裏也是多民族地區，可說漢語、泰語、緬語和老語等，也可以各種語言混雜著說，都能達到交流的目的。

今夜的清萊夜市真熱鬧，我只用了十銖買得一盒又甜又大的桑葚，這是我小時候才吃過的。

小時候，師父告誡我：「繪畫是一項艱苦的工作，你要像小提琴手一樣勤於練習，也要像作曲家一樣知識淵博。」當時我想，這畫畫是多麼的好玩呀，多麼讓人開心呀。待學成後，我才知道有多麼地艱苦，這不但要耐得住寂寞與孤獨，而且還要領受常人不能忍受的苦難和事件。多少年來我就是這樣一個故事接著一個故事，一個事件跟著一個事件地走了過來。

幾天來，收穫真的不小，不但經歷了許多的故事，還讓我獲得了近二百幅的速寫。有些作品的確也是很難得到的，朋友讓我先將這些作品寄回去，我不願意，因為我常常都會遇到作品丟失的現象。

在清邁，我就住在拳擊場附近，因為這裏離清邁夜市很近。我又去了古城中的寺廟看看，並沒有告訴我的任何朋友，是因為我要安靜地畫幾幅畫。

拳擊場裏人妖很多，比女人還要女人，非常地風騷漂亮，但我並不喜歡這男不男女不女的人，所以也就不願意畫她們。拳擊手們全身塗滿了橄欖油，油光滑亮，來這裏大多都是為了賭博的人們。

朋友幫助我預訂5月1日的飛機票，他們看我在清邁很難受，於是就用汽車將我送到了泰國北部山區「Pai」。汽車翻過了好幾座大山，經過了三個多小時才來到這山高景遠，空氣清新的地方，這裏有很多外國人在此度假休閒，環境極好。朋友又幫我找了一棟在樹林中的木屋住下後，吃過了中午飯他們就返回了，說是4月30日才來接我。

我一人孤伶伶地在這樹林中的木屋裏，四周靜悄悄的，只有幾隻小鳥和塘中的青蛙在相互聊天，我心中甚是愜意。由於這幾天的工作讓我有點累了，倒在床上便睡著了，醒來時已是下午四時，於是租了一輛自行車去街上轉轉。

路過一小飯館，飯館內擺放幾張餐桌，非常地清雅。我向老闆點了一份

這裏的房子
是用村村叶盖的
陳西冷於泰國北部山區
chenli 2011.4.28.

飯後便找地方坐了下來，老闆將我的飯做好端了上來後就在我的桌旁坐下和我聊天。老闆的名字叫陳小玲，祖輩是廣東人，八年前從曼谷來此旅遊就留下了，說是這裏的環境吸引了她。她的中國話說得不好，只能用泰語交流，我開玩笑說：「去掉你的那個『小』字，就與我的名字同音了。」她哈哈大笑地繼續跟我講述她的經歷。

「Pai」在泰語中是「走」的意思，這裏可算是泰國海拔最高的山峰了，路難走，道難行。在過去，這裏就連泰國人也不會來，直到有一天，許多的外國人來此遊玩，於是就成了旅遊勝地。這裏空氣清新，環境宜人，一大早我就騎上自行車去周圍的鄉村轉轉，但大多數時間卻不是我在騎這自行車而是自行車騎著我走。這道路真是陡峭，好不容易翻過一座山，來到一個寨子，這裏的房子都是用樹葉蓋的，這寬大的樹葉一張覆蓋著一張，非常地別致，房屋的結構仍然還是高腳樓。這高原的天就像女人的臉，剛剛還是晴空無雲，突然就烏雲重重，眼看著就要下雨了，我只好在這裏畫了幾幅速寫後，騎車回返。

我心存僥倖想抄捷徑，於是看準方向從另一條道上行走，沒想到這一次真錯了，終於迷了路。像一隻無頭的蒼蠅讓自行車騎著我東跑西跑，我向一個傈僳人家打聽路徑並躲過大雨，順著他們所指的方向繼續前進。沒想到他們所說的路我並不認識，於是走進了森林，遮天蓋日的森林擋住了我

泰北 Pai:
陳錦昌寫於二〇〇一年四月
Chen 2011.4.29.

84

的視線。這一下糟糕，無路可走了，還好我有這方面的經驗，停住了腳步，原地休息，用耳朵聽聽周圍的環境再辨別方向。

突然一聲清脆的鐘響，我高興地從地上跳了起來，不遠處一定有座廟，根據聲音這廟離我不是很遠。我尋聲而去，是的，拐過這片林子我真的就看見了一座金塔。我瞄準金塔徑直地往山上爬，不管前面有多少荊棘，也不能將自行車拉下。用了近一個多小時吧，我終於爬到了廟裏，我坐在石階上氣喘吁吁，心裏說，我回去後一定要向旅館的老闆要回租金。這自行車一直都是騎著我的。

紋身的和尚
陳錦昌寫於泰國北部山區
Chen 2011.4.28.

廟裏的和尚全身都紋刺著佛教的圖案。一位和尚給了我一把炒黃豆，問我吃著可香，我說「賽普賽普」（很香很香），並打開速寫夾將這和尚畫了下來。

下午以後回到旅館，生氣地將這自行車還了，老闆埋怨車上有泥巴，我說它都騎了我半天了。

從「Pai」回到清邁和朋友們一起去吃海鮮，將我身上的所有泰銖幾乎都花去了。路過拳擊場，一位「人妖」將我拉了進去，朋友們前仰後合地跟了進來。「人妖」給了我一杯酒後死

活要我也畫一畫她，她風騷地坐在我的身邊讓我直犯噁心。朋友們起鬨著
幫我拿出了速寫夾，無奈也就畫了這「人妖」。

拳擊手們全是孩子，也要我畫一畫他們，於是在朋友們的鼓動下畫了幾
幅速寫。賭博的人們似乎並不歡迎我在這裏打擾了拳擊手的注意力，我只
看了一場拳擊就離開了。朋友們送我至旅館，我送給他們每人一幅速寫感
謝他們多日來對我的照顧。

我原計畫在泰國北部的采風並沒有這麼長的時間，但隨著上天給我的安

排今日才畫上了句號。我非常感謝這一次的收穫和途中所遇到的每一個人和每一件事，也感謝那一輛總是要騎我的自行車。這都是些精彩的故事，在今後的創作中將慢慢地表現。

朋友說我將藝術扯得太複雜，我說：「不，必須得這樣，這樣才會有真正的好作品。」其實我的油畫作品都是這樣來的，我的全部作品都不是我畫出來的而是我用腳跑出來的。

泰國南部采風掠影

■ 泰國陸軍第四野戰軍的幾位特種兵與我同乘一個車箱，
其中有一位是來自泰國廊開的士兵，名叫阿帕，
他學習漢語已六年，總是找機會與我對話。
當他知道我還會使用一點老撾語言，
勾起了他的思鄉之情，視我為同鄉，
一路上對我倍加關照。

司茵事 湖心金塔
畫於二〇一一年五月
en 2011.5.6.

2012-4-1

2012年4月1日，我從曼谷登上南下的列車，車箱裏如同爐火正旺的蒸鍋，美美地給了我一次痛快的「桑拿」。

泰國陸軍第四野戰軍的幾位特種兵與我同乘一個車箱，其中有一位是來自泰國廊開的士兵，名叫阿帕，他學習漢語已六年，總是找機會與我對話。當他知道我還會使用一點老撾語言，勾起了他的思鄉之情，視我為同鄉，一路上對我倍加關照。

好朋友「夢凌」是東南亞著名的女作家，《中華日報》副刊主編，已暢銷著作十餘部。她送我至曼谷車站並給了我一張聯絡圖，上面有我從曼谷經泰南合艾、馬來西亞直至汶萊各站朋友聯繫名單和電話號碼。有了這聯絡圖作底，我心中實在了許多，這還真有一種送戰士遠征的味道呢。

幾日來，《中華日報》副刊主編「夢凌」和《東盟雜誌》主編「張令驊」一直陪著我拜會一些文友、畫友，還參加了劉海濤教授的講座會。

我是一隻「蜜蜂」，又到了一年中采風的季節。緬甸大使館的朋友問我：「你今年是否還要去緬甸？」我說待有機會還想去。我送了幾本《東盟雜誌》給他們，因為那裏面有我寫的《金色緬甸》和我部分緬甸的速寫和油畫，想送幾幅鋼筆速寫給他們，但似乎捨不得，話到嘴邊又彈了回來。再委託朋友給緬甸仰光的華文圖書館館長葉克清先生帶去幾本書，曼德勒那位開旅館的朋

曼谷湄南河
Chen Lin 2012. 3. 28

友也有一份。

　　汶萊大使館對我很優惠，非常快地就給了我簽證並告訴我如若時間不夠用，可在汶萊續簽。

　　馬來西亞大使陳再興來到我的畫室，他同意為我簽證去馬來西亞，但要求我回來後先通知他來看看我畫的馬來西亞，再為他和他的夫人畫一幅油畫肖像。

　　我順利地得到了兩個國家的通關文書，3月27日來到曼谷。本想先乘飛機到汶萊，然後再坐車從馬來西亞慢慢地畫著回來，經朋友們討論，覺得這樣太快了，還是乘火車和汽車從泰國的宋卡出境，再進入馬來。

　　我又是一條「魚」，從中國的赤水河游到了塔里木河，再游入長江下游，眼看快入海了。但我怎麼也游不過去，於是乾脆回過頭來逆流而上，游進了湄公河，自由自在地呼吸了十年的新鮮空氣。備受上帝的寵愛，讓我成為一名畫家。

　　後游進薩爾溫江，蹚了一趟印度洋的渾水，現在我要游到南中國海了，畫那「東方的威尼斯」汶萊水村的美景。

　　俄羅斯的朋友在網路上說我患有「高更綜合症」，已病入膏肓。法國的朋友在網路上說我是西方藝術的忠實學生，無限崇拜於「莫內」。不管他們怎麼去說吧，同樣的一種繪畫材料，而我卻苦苦地追尋著一種東方的表

現手法，也給自己帶來了諸多的麻煩。

於是乎，我又踏上了南下的列車。

巴蜀（Prachuap）的海邊非常地美，一大早我就坐在那裏畫了幾幅速寫。然後打電話給「夢凌」和「令驊」報以平安，興奮地將這美景用語言描述給她們聽。中午的太陽非常地酷熱，早早地回到旅館休息並整理資料，心中仍是餘興未盡。

夕陽西沉，海邊的夜晚更是一個溫馨的世界，那眨著鬼眼的星星在深色的夜空中顯得分外清晰明亮。幾隻小船漂浮在水雲間，隨泰國灣波濤輕輕

地擺動在這浩蕩的水光之中，如少女般輕歌曼舞，這是遠航歸來的漁舟。

沿海岸全都是小吃和賣工藝品及小百貨攤點，人們放下了一天的勞累，在這裏休閒呢。興高采烈的昆蟲振翅高歌，似乎為這美好夜色合唱一曲交響曲。

我這趟采風就從這裏開始，將從這裏一直畫到汶萊，希望能更多地瞭解沿途的人文風情，為我今年的藝術創作打下良好的基礎。

南下，南下，繼續南下，直到馬來西亞。

2012-4-3

夜晚，我再次登上了南下的列車，從這裏到那空是貪瑪叻（Nakhon si thammarat）。

身旁坐著一位老和尚，他十分地健談，還時不時要管一管周圍的小事，倒也讓我解除了不少乘坐夜車的疲憊。

列車飛奔在這熱帶平原上，沿泰國灣急速行駛，車窗兩邊的景色瞬間而過，我目不暇接，這裏的植被太好了。

那空是貪瑪叻（Nakhon si thammarat）是一個歷史悠久的城市，有著豐富的植被，如畫的海灘和優美的瀑布，這裏有許多的果園和園林植物種植基地。傳說西元三世紀威再也王國就在此建國，歷經泰國、泰

漂亮的姑娘賣
海鮮
陳林攝寫於泰國
Nakhon si thammarat
chenLin 2012.4.2.

可素王國、阿育跎耶王國、卻克里王國等朝代的更替。

穆斯林有著良好的傳統，尊老愛幼是他們的美德，他們總是帶著微笑彬彬有禮地向我招呼。我不知回族姑娘其真實面目，是因為尚未揭開她那漂亮的面紗，只有那雙大大的眼睛傳達著心靈的美麗，讓人遐想。

由於天氣太熱，我只站在城市的一角小作停留，又繼續地南下。

與合艾（Hat yai）的子青聯繫，這是一位漫畫家和散文作家。子青告訴我合艾幾天前曾發生一起爆炸，死去了五人。我這人並不怕死，如果有這一天，那就是上帝給我的恩賜。於是我又去了合艾。

的確如此，火車站氣氛非常地緊

陳堉堉漫畫家
陳子青老師
chenLin 2012.4.3
於泰國合艾

陳堉中國歷史久居寮國永珍 3.4.5 路過合艾凌介紹相見

張，有許多荷槍實彈的泰國軍人，他們高度警惕，環視來往的行人與各處制高點，這樣的場景我只在電影裏見過。想拍幾張照片，又怕他們為難於我，於是迅速打開速寫包畫了起來。還好，沒有引起軍人的注意，我慌慌張張地勾勒了兩幅軍人的簡單線條，然後找旅館住下後再重新整理。

2012-4-4

翌日，天朗氣清，長空如洗，心情格外地舒暢。

子青開著摩托車來接我，我們沿城周遊了一圈。翌日參觀這裏的幾個畫展，有幸看到了一幅泰國前總理乃川‧立派的鋼筆速寫，非常地生動。

泰國國王普密蓬的油畫非常地精彩，那簡練而概括的線條、濃厚的色塊、鮮明的對比、無拘無束、含蓄而幽默的藝術表現形式，都讓我震撼。我懷著無限崇敬的心情，在泰皇作品前留了一個影，依依不捨地離開了畫展。

寮國風情

■ 2003年3月我獲得寮國的邀請，但朋友們告訴我，
那是一個還不發達的國家，似乎很窮；
那是一個佛國，蘊藏著許多的神秘。
具體怎麼樣，誰也說不清楚，就是極力地勸說我，
不能去冒險，安份守已地在國內好好地工作，
好好地畫畫，安心地過舒適的日子算了。

萬象，湖心金塔
畫於二〇一一年五月
2011.5.6.

神秘的迷霧

2003年3月我獲得寮國的邀請，但朋友們告訴我，那是一個還不發達的國家，似乎很窮；那是一個佛國，蘊藏著許多的神秘。

具體怎麼樣，誰也說不清楚，就是極力地勸說我，不能去冒險，安分守己地在國內好好地工作，好好地畫畫，安心地過舒適的日子算了。

我天性好奇，也愛探索新鮮的事物，同時還有點不太安分。就因為這一份好奇心促使我一定要去看看，揭開這神秘的面紗，給自己一個答案；也就因為這一份好奇心，以致我今日流落海外，漂泊人生。

於是我獲准了簽證，踏進了這神秘的土地。

3月的寮國，亞熱帶濕潤的雨季還未來臨，晴空一碧如洗，萬里無雲，這正是寮國一年中最酷熱的季節，汽車從磨丁入關並辦好入境手續後行駛在開往寮國首都萬象的途中。

就在這酷熱的清晨，那一群在河邊沐浴的妙齡女郎，婀娜的身姿和那怡然自得的神態，在粼粼碧波相映下，讓人彷彿置身於莎士比亞筆中的「仲夏夜之夢」中。孩子們脫光了衣服，上竄下跳，真令人不勝依依。

說起來也很奇怪，我對這裏好像並不陌生，是因為我常在西雙版納寫生。亞熱帶的雨林勾引我的心靈，讓我神魂顛倒。我不時地向車窗外張望，原始森林連綿起伏，珍禽異獸出沒其間，森林通幽，給人帶來無窮的幻想。

突然間，我的瞳孔放大，眼珠幾乎從眼眶中蹦了出來。幾個輕盈活潑的半裸婦女映入我的眼瞼，豐滿的乳房就暴露在我的面前，我恨司機將車開得太快，如風掃殘雲一瞬而過。

　　經打聽，這是寮國北部的一個民族，姑娘和婦女將自己的最美好的東西毫無保留地展示在你的面前，給你一個純真而美好的記憶。

　　這天上的雲就像蕩漾的秋千，投下這多姿的身影，給人一種疑幻疑真的感覺，勾起了我的遐想。

　　同坐的一位中國商人告訴我，寮國全國人口約六百萬，國土236,800平方公里，與泰國接鄰，湄公河橫貫其中，成為寮國和泰國的分界河。

　　這裏的人情古樸，民風清醇；這裏的環境原始，生態自然；這裏的善男信女虔誠，行為文明；這裏的姑娘純潔，樸素大方。

　　寮國之主要民族有老龍族、老聽族、老宋族，其中老龍族占全國人口的56%。根據寮國的歷史教材，這個民族七百年前居住在雲南的哀牢山中，屬大理國國民，成吉思汗翻越蒼山攻下大理國後，活捉國王於大理城內。他們不畏強暴，不屈不撓，與之抗爭，最後因寡不敵眾，退至今天的寮國本土，結束了他們在中國雲南的歷史。

　　老宋族只占全國人口的10%，是三百年前由雲南文山搬遷來的中國苗族、瑤族等。老聽族則是他們的原住民族，他們臉上刺字，身上紋身，全身刺滿各種藍色的圖案，他們以此為最美；據說少女如果臉上沒有刺得文

字或圖案，相親娶夫也就不太容易了。

三大民族的支系加起來共有六十八個民族，其文化內涵各有其異。我高興至極，為了滿足我的好奇心，我決定探索個明白。

寮國全稱「寮國人民民主共和國」，是社會主義國家，執政黨為「寮國人民革命黨」，全國劃分十八個省級行政區。屬熱帶季風型氣候，季節性溫差不大，全年分為雨季和旱季，全境的平均氣溫在攝氏20度至攝氏26度之間。

寮國還是一個佛教國家，人民大多信奉小乘佛教，對僧侶尊敬有加。佛教在寮國社會起著重要的作用，尤其是在寮國人民的生活中，更為廣泛。

汽車停至郎勃拉邦用餐，我下車買了兩包玉米，回到座位，我發現一個小和尚上車坐在了我的前面，出於新奇，我將其中的一包送給了這位小和尚，只見小和尚緊閉雙眼「咕哩咕嘰」地不知嘴裏念些什麼，然後將玉米拿在手上，直到他下了車都沒有吃。

我陰差陽錯地奉行了一次寮國人的風俗，剛踏入寮國就履行了一次施捨，我想這位小和尚一定是在為我祝福。據說和尚一天只吃一頓飯，而這頓飯還是寮國的善男信女們每天清晨布施給和尚的，這也是做和尚的每日必修課程。

每到清晨，十幾個和尚身背缽盂，衣著黃袍袈裟，赤腳走上十幾里路，接受其善男信女們的施捨，然後回到廟裏念經用餐。中午十二點以後，和尚們只可以喝一些飲料或吃一點水果。

　　和尚們很有修養，有學問，還能助人為樂。所以在這個國家裏，你完全可以「有困難，找和尚」，因為和尚比員警還多。

　　近年來，基督教在老撾的發展也很快。每到禮拜日，教堂裏人山人海，人們虔誠地跪在上帝的面前，乞求自己的新生和家庭的平安。在首都萬象，有一個基督教華人團契，這裏有來自中國大陸各地的華人，他們每週的星期三晚上聚會在一起，查經崇拜。這群人相敬相愛，相互幫助，親如兄弟姊妹，在異國他鄉，有這樣的一個團體，著實叫人感到親切。

　　寮國是一個發展中國家，主要以農業為主，工業基礎較低，寮國的土地、礦藏、林業、水利、旅遊等資源較為富有，只是科學技術、資金、人才資源較為匱乏。寮國市面上流通的貨幣是：寮幣、泰幣、美金，我常常覺得奇怪，寮國人哪裏會有那麼多的錢？

　　由於寮國的工業不發達，什麼都依靠進口，所以價格都比較昂貴，而寮國人照樣能買，只要是世界上出了什麼新潮的東西，寮國的街上就會流

行。無論男女老少都會開汽車，家家戶戶都有汽車和摩托車，如果你看見有騎自行車的，那一定是外國人或者寮國鄉下進城打工的。

你說寮國窮吧，那是國窮民富，寮國的稅收很少，政府收不到什麼稅，不窮才怪！

寮國的市政建設比較落後，2004年東盟會前，撤除了全部的違章建築；東盟會後，重修了整個街道交通。如今的首都萬象，已是面目一新了。寮國的國民體育還得到比較好的重視，在寮國每一個城市的體育館建設得都很漂亮，而且場地又大，設備又全。

寮國的建築很奇特，她是集法國、中國、泰國、越南、柬埔寨等國建築為一體。在廣闊的原野上，有著這樣一座歐式屋頂的小洋樓聳立在綠樹成蔭裏，你說迷人不迷人？在鄉村密林深處的茅屋裏，傳來少女清脆的歌聲，你動情不動情？寮國真神秘。

初到寮國我不懂其語言，在一位中國商人的幫助下，一路經芒賽、郎勃拉邦來到了寮國的首都萬象（華僑稱之為永珍），已經是夜晚十二點了。寮國的時區是格林威治標準東七區時間，與北京時間相比，時差為一個小時。

現在已是北京時間深夜一點了，汽車停在萬象的長途汽車站，這裏離萬象市區還很遠。夜深天黑，我不辨東西南北，目不識丁，我不識寮國洋文，還是這位中國商人熱心地幫助我找了車，將送我到萬象的中國城找到了一家旅館住下。

這家旅館是一位四川人開的，主人姓蔣，房價也不貴，一天只需一萬老幣，折合成人民幣才7.6元；樓上是旅館，樓下是飯店，清一色的四川風味。我出生在四川，成長在新疆，工作在江蘇，如今又流浪在寮國。我喜歡吃老蔣做的菜，天生對麻辣味有種特殊的嗜好；聞得麻辣香，神仙也跳牆，這正合我的胃口。

朋友們說我是一個傳奇人物，的確不假。在我一生中，總有許多奇事怪事在我身上發生，也總有許多奇人怪人在我身邊往來。我會在這裏將我在寮國的所見所聞和故事慢慢地講給你們，同時也希望我的作為能夠幫助你進一步地瞭解寮國；走出這神秘的迷霧，揭開這神秘的面紗。

萬象之都

寮國的首都是萬象(華僑們稱之為永珍)。據說，這裏早期盛產大象，湄公河畔，是大象群出沒的地方，因為這裏的氣候適合大象成長，在這裏生活的大象，可想而知，一定是很多很多的了。不過，現在沒有了，大象們都躲進深山裏了，我除了在萬象的動物園見過外，我在寮國還沒有見著大象呢。

一位長者給我講了一個故事，說：方紅普國王（即「法昂王」，當地人稱他為「昭發蒙」）出生時，正值叔父篡權，部落淪陷。家人把他放進木盆裏，隨湄公河漂流至柬埔寨，被一廟宇和尚打撈起來並發現了他的身分，和尚將他撫育成人，教給他文化知識和武術。小王子慢慢長大，娶了柬埔寨的公主為妻。此後，和尚才告訴他的身世，講明了他的使命，同時也將所有證據交給了他。

小王子痛哭流涕，千恩萬謝，告別了撫養他的和尚，提著父母遺留的寶刀，騎上長有三個頭的白象，來到了今天的萬象，召集臣民，趕著象群，一舉收服了部落土地，並於1353年在郎勃拉邦建立瀾滄王國（「瀾」在寮語中譯為「百萬」，「滄」譯為大象，全稱為「百萬大象之國」），由此被稱為瀾滄王國的始祖。寮國人民懷念他，2002年寮國政府在萬象市的「亞努沙發里昭發蒙」廣場為方紅普國王塑立了一座雕像，在國王雕像的前面，還有一座三個頭的白象。我聽見一位老者告訴孫子：「你們真有福，一生下來就見著國王了；而我都老了，才得見國王。」可見老撾人民對他的愛戴。在方紅普國王的雕像下，常有老撾人燒香崇拜。

萬象是寮國政治、經濟、文化的中心，市內劃分為四個區，市郊共有五個縣，面積3,920平方公里，人口約六十萬。近年來華人不斷湧入老撾，據說，華人在全寮國境內大約二十萬人，其中湖南人、安徽人、四川人、雲南人、浙江人居多。湖南人、安徽人大多是做小貨生意，安徽則以安慶人為最，他們肩挑貨擔，走村串巷，實是辛苦；四川人、雲南人大多以打工為生，多以建築工程為主；浙江人大多從事服裝、電器、機械零售業。老撾政府對中國人很友好，一般除了例行檢查護照、身分時會被一些民兵、員警索去一點錢財外，並無其他的麻煩。在寮國，有許多中國投資的公

司，近年來在老撾的農業、工業、林業、礦產、旅遊、通信、建築等都有中國人在開發。

　　在寮國的國徽上面，一座金碧輝煌的佛塔莊嚴地聳立在圖案的上端，它是寮國國家的象徵，這就是塔鑾，它坐落在首都萬象的市中心。1560年，賽塔提拉國王由郎勃拉邦遷都萬象，並修建了塔鑾寺和玉佛寺。塔鑾是老撾最大的佛塔，是歷代國王和高僧存放骨灰之佛地。塔鑾整體建築為四方形，分三層，意喻佛說三界；第一層東西寬69米，南北寬68米，四周正中央各有一膜拜亭，東亭為重簷尖頂的建築，內供一小塔，傳說是古塔模型；第二層為正方形，寬48米，由一百二十個浮雕蓮花瓣圍繞，其上為二百二十八個蝶葉，葉中間各有一尊佛像，各邊的中央有拱形小門，此層建築有三十座陪塔，代表三十種波羅密多；第三層寬30米，在半圓球形屠波式台座上，聳立著主塔，底座為複蓮，仰蓮狀台座，上部為長方形蓮苞狀寶匣和相輪，傳說這裏埋藏著釋迦牟尼的胸骨。地面至塔尖高45米，塔體四周長廊陳列一些佛像和文物，主要是供遠道而來膜拜僧侶過夜歇息。

塔鑾西門外有賽塔提拉國王銅像，南、北門外有南塔鑾寺和北塔鑾寺，供僧侶們居住。

玉佛寺供放有稀世珍寶——玉佛。傳說國王在臨終前將祖傳的兩尊金佛和一尊玉佛傳給他的三個王子，在辦完國王的喪事後，三個王子將三尊佛像用船從湄公河運往萬象。船行途中，遇一夥強盜搶劫，三個王子奮力保護，經過一番血腥的廝殺，兩尊金佛不幸掉入湄公河裏。河面頓時浪濤洶湧，金光四射，萬道金光直刺強盜眼目，強盜們嚇得抱頭鼠竄，玉佛才得安全地運至萬象，於是，建玉佛寺供奉玉佛。1778年暹羅軍隊入侵寮國，將玉佛請至曼谷供養至今。1829年玉佛寺在戰亂中被燒毀。1936年寮國政府對玉佛寺進行了重新的修整，基本保持了原來的面貌，玉佛寺現已成為國家文物博物館，陳列有全國各地發現的佛像。

坐落在瀾滄大道上的凱旋門，是一座大型的紀念碑，酷似法國的凱旋門。它卻是1969年為慶祝寮國獨立而建的紀念碑，代表寮國人民追求獨立自主的民族精神，就像鎮壓在拱門基座之上的寮國典型寺廟裝飾一樣，象徵著寮國人民永遠告別了法國人的殖民統治，真正地成為了寮國的主人。凱旋門內壁和屋頂上，有許多寮國民間傳統故事，神話傳說的彩繪和浮雕；當你上到頂層，萬象景色盡收眼底，紅色的廟宇，銀色的湄公河，點綴在蒼翠碧綠的林海中，呈現在你眼前的是蔥蘢的森林。要說這是一座天

然的森林城市，我不認為誇張。

　　我喜歡聽寮國人說話，輕聲細語，如同一位姑娘在你耳邊輕輕地唱歌，從沒有大聲的喧嘩，一座莫大的首都萬象，每天都是這樣靜靜地度過。

　　萬象，最著名的市場是達拉哨（早市場），這是一座寮國傳統型的購物商場。吸引著很多的外國觀光客，這裏的商品琳琅滿目，應有盡有；各種寮國的民間工藝品、金銀製品，最受遊人的喜歡。在寮國的市場裏，沒有貨主的叫賣聲，沒有喇叭的喧鬧聲，也沒有顧客的高談闊論，就是貨主與顧客的討價還價，都是那樣地細語溫柔。寮國人就是這樣，做生意從不奸詐，互不欺騙，以誠相待。

　　如果說誰家裏娶親或有人去世，收了親友的份子，都要拿出一部分捐助學校或廟裏。誰家有難，大家幫助，捐款捐物。老撾人善良不好鬥，淳樸不多事，是有名的，他們彬彬有禮、好客、熱情，是個可信賴的民族。

　　2004年在達拉哨的側面動工修建一座大型的現代化商場，一位寮國朋友給我看了工程設計效果圖，我大吃一驚，開玩笑說：「這是誰將我南京的中央門商場搬來了萬象？」現在，這座商場已建成了。在這座商場的一側，就是寮國的國家郵電局，偌大的一個寮國，居然沒有設立郵遞員的崗位，這也是老撾的一大奇事。寮國的郵電局很有意思，你上班，他也上

班，你下班，他也下班，你節假日休息，他也休息；如果你要寄信、拿
信，還真要費一番功夫。在郵電局的旁邊有一棟大樓，樓裏都是一個個的
小信箱，全都編上了號碼的；寄信人必須寫清楚地址與信箱號碼，郵局將
信放入你的信箱，由你自己定期去取。像寮國這樣的郵局，全世界都少
有，可以節約一大筆郵遞員的工資，這可算是一大創舉了。在寮國，幾乎
家家都有人在國外工作，據說每天從國外匯來的美金為數相當可觀。

在寮國首都萬象的市中心，有一幢高大宏偉的建築，黃牆綠瓦，雕樑
畫棟，非常地具有亞熱帶民族特色，這是寮國國家民族文化宮，是中國人
民贈送的。一次我有幸在這裏觀看俄羅斯歌舞團的演出，好似進入宮廷劇
院，音響效果極好。就像我當年在上海美琪大戲院觀看演出一樣，餘音繞
樑，使人身臨其境，這種感覺才真叫享受。

來到萬象後，我想更自由些，沒有去找我的邀請單位。我在中國城老蔣
的店裏一住就是三個月，不知不覺我已囊中羞澀，翻遍了全部的口袋，只
有三萬老幣（折合成人民幣只有22.8元），回中國已是沒有可能的了，為
此，我思考了一夜。誰知與我同室的那位廣東小夥子，比我更窮，第二天
的早上，他告訴我已身無分文。我勸他回中國去，這時正好有個方便車，

我在我的三萬老幣中拿出一萬，為他付了房租，送他上了車。

　　我這時才真正地感受什麼叫「孤獨」，舉目無親，獨自在客房裏靜靜地坐著，默默地沉思。怎麼辦？畫畫！這是我的拿手；去什麼地方畫？我想湄公河邊一定熱鬧。於是我收拾好畫具，下樓找房東打聽，房東老蔣用手一指，說：「湄公河就順著這個方向下去。」我不可猶豫，背起畫夾，順老蔣所指的方向，一直往下走。果然，湄公河就在我的眼前，我在湄公河邊徘徊了好幾圈，最後選定總統府後門外的小公園。

　　我坐在公園小亭內，左思右想，卻不敢動筆作畫，是因為人生地疏，不知老撾員警會不會找我的麻煩。我一直看著總統府後門崗亭內的兩個員警，看著看著，我睡著了。

　　突然醒來，我不畫畫怎麼辦？於是從地上拾起一根塑膠繩子，將我在來萬象時沿途畫的部分速寫掛在一棵菩提樹上。接著就有許多的人圍觀，一個員警走了過來，坐在我的小凳上，嚇得我全身直冒冷汗。員警「咕哎咕哎」地說了一通，我一句都聽不懂，一個圍觀的華僑告訴我：「他想讓你給他畫一幅畫。」於是我使盡全身的解數，用了二十分鐘，為他畫了一幅速寫。我見員警笑著伸出了大拇指，「裏來，裏來來」（很好，非常好）地說個不停，並給了我五千老幣，我那提著的心這時才得以放下。直到天黑，我的畫筆就沒有停過，一摸書包，哈哈，這還了得，滿滿一書包的錢。我費了很大的勁才找回中國城的路，連飯都顧不上吃，一個人躲在房裏數錢，十多萬老幣，只折合成人民幣一百多元。值得慶祝一番啊，讓老蔣給我做回鍋肉，美美地吃上一餐。

　　於是我天天去這個地方，並給自己定了上下班的時間，清晨八點，我準時上班，下午六時，收攤回家，風雨無阻。漸漸地，在湄公河的菩提樹下，有一個中國人在那裏畫畫，成了人們的美談；有一個中國畫家為你寫真，成了湄公河邊的一道風景線。人們越來越多，圍觀的人水泄不通，驚動了員警常來幫助維持秩序，排隊畫畫，每人只有二十分鐘，成了人們的習慣。

　　當時萬象的街上有許多的果樹，我每天清晨「上班」都要在街邊上撿上一書包的新鮮芒果；湄公河邊還有許多的櫻桃樹，香甜可口。

　　有一天，雷雨交加；狂風將我避雨的小鐵棚房頂捲走，滂沱的大雨劈

頭打來。我的畫夾裏有我許多的畫稿和速寫，眼看就要被暴雨蠶食，一位老撾小夥子搶過我的畫夾，迅速地脫下衣服將我的畫夾包裹了起來，躬身用那烏黑油亮的脊背迎著暴雨，把我的畫夾抱在懷裏。我看見那豆大的雨點瘋狂地打在這健壯而寬厚的脊背上，我淚水和雨水交織在一起，伴著雷電歇斯底里地呼叫：「上天啊！我還有什麼理由不留在這裏，我還有什麼理由不盡力地工作？」雨過天晴，當小夥子將一個乾燥完好的畫夾還給我時，我感動了，雙手合十，深深地還了一個齊眉合十躬身禮。現在，每當我想起這件事，我的鼻子就會酸，濕潤的眼眶就想掉幾滴眼淚。我在這棵菩提樹下畫了一年，第二年我則去了寮國各省寫生，之後開一個畫廊。

還有一次，我一個人在沙灣拿吉省寫生；已經一個多月了，又遇雨季，所帶的畫紙和乾糧都快用光了。蓬頭垢面，衣服也髒兮兮的；彈盡糧缺，我決定去巴色理髮修整和增添「給養」。這時我的寮國語也會了那麼一點，基本的會話是沒有問題，我在公路邊攔車，直到下午四點才得以乘坐一輛去巴色的公共汽車。

座位後排一位七十多歲的滅陶（老媽媽）不停地給我講一些當地的傳說故事，我聽得入迷，不知不覺車已停下，滅陶告訴我巴色已經到了。我們下車，一看時間，已經深夜兩點了，這裏離巴色城區還有十多公里呢，滅陶找來嘟嘟（一種馬自達三輪計程車），在這種時間司機一般收老撾人的車費是五千老幣，外國人則要三至五萬老幣。

我和滅陶上了車，天下著滂沱大雨，路上濕淋淋的，漆黑的夜晚伸手不見五指，我很發愁。這是我第一次去巴色，人地生疏，又沒有朋友在那裏，這麼晚了，我到什麼地方去找客棧啊？

滅陶的家在巴色城裏，嘟嘟車在滅陶家門前停下了，司機只讓我付了五千老幣的車費。

我與滅陶告別，準備一個人冒雨去找客棧，滅陶拉著我，死活也不讓我走了，一定要我住在她的家裏，我沒有過多的推辭。說實話，我如果從這裏離開，我將只有尋找一個能避雨的屋簷下度過這一夜。

滅陶讓我去洗了一個澡，出來時她已經在樓下將床給我鋪好了；沒有蚊帳，老撾的蚊子很多，我已管不了這麼多了，這樣已經非常地不錯了。我看見老媽媽上樓睡覺了，因為我這幾天實在太累，關了燈倒頭便睡，一會

就進入了夢鄉。

一陣陣的涼風把我從夢中撫摸醒了，睜眼發現滅陶拿著一把芭蕉扇在那裏給我趕著蚊子。我躺在那裏沒有動，這時，讓我想起了我的母親，在我兒時，她就是這樣關愛我的。我的眼眶濕潤了，在心裏喊了一聲「媽媽」，又睡過去了，而滅陶卻一夜未睡。

第二天我讓滅陶坐在椅子上，就像當年我為我的媽媽畫肖像一樣，為她畫了一幅半身肖像；雙手合十，並叫了一聲「媽媽」，恭恭敬敬地將畫送給了她。

我走了，至今我再也沒有見過她；從此，凡是寮國人讓我畫畫或到我的畫廊購買我的畫，我都只收取原價格的一半，以此報答。

在寮國，我並沒有是一個外國人的感覺。寮國人崇尚藝術，這是受法國人的影響，哪怕是家裏再窮，都要省下一點錢給來，讓我為他畫一幅畫。所以，就短短的三年，我為寮國的普通百姓畫了數以千計的畫；他們給我的評價很高，我誠惶誠恐，受寵若驚。在2006年的龍舟節時，他們又在寮國郎勃拉邦皇宮附近給我開了一個畫廊，專售我在寮國創作的「寮國風情油畫」。一位寮國中央首長握著我的手說：「我們期望你在此繼續你的靈感和創作。」我感動至極。如你來寮國乘坐的是寮航的飛機，你將在寮國的畫報上發現我和寮國中央文化部部長米賽的合影。現在，我除了在我的畫廊裏創作和不定期下鄉寫生收集素材外，還應約寫一些東西，將我在寮國的生活記錄下來。我還有一個心願，就是在我有生之年，能去法國的羅浮宮看看，哪怕就只一眼，我要看看世界級的大師們是怎樣畫畫的，是怎樣去重現和表現大自然的。

湄公河畔的鐘聲

當清晨五點，湄公河的兩岸響起嗡嗡的鐘聲，寧靜的寺廟有了騷動，金色的廟門裏走出一隊赤腳和尚，他們身披袈裟，懷抱缽盂，挨家挨戶地去接受村民的布施。

在寮國，不論富貴貧窮，男人們均須一度進入寺院，削髮修行，學字誦經，度其沙彌生活，過了一段時間後便可升為和尚。

　　聽寮國朋友說，犯罪的人到廟裏去懺悔，做和尚，員警是不可以抓他
的。失意的人、沒錢的人去做和尚，廟裏可免費吃住。我有一個從雲南昆
明來的朋友，是做豆腐生意的，由於技術不過關，生意很不好，生活非常
拮据；我常買他的豆腐送人，這也是為了接濟和幫助他。有一天，他高興
地對我說：「明天廟裏要發放大米，去的人都有份。」他常去廟裏領取救
濟物。

　　寮國信奉的是小乘佛教，升為和尚後可獲得一次假期，半個月至三個月
不等。

　　回家探親，是和尚最
為高興的事，可以毫無
拘束地狂歡，享有情愛
之特權。倘若女子獲得
休假和尚的垂青，因而
懷孕，該女子將會得到
更多男子的追求。縱然
女子早已婚配，丈夫和
家長也都認為是家門幸
事，設宴慶賀。

　　和尚假期告滿，返寺之日，村裏妙齡女子聯合舉行歡送，儀式隆重。前面用大鼓開道，繼之銅鑼，沿途擊鼓鳴鑼，興高采烈。和尚乘坐青竹花轎，抬轎的都是花枝招展的少女，前呼後擁，歌聲陣陣，手舞足蹈，好不熱鬧。

　　到達寺院後，和尚合十下轎，徑趨佛殿，行拜佛禮，少女們陪同跪下。經過鳴炮，方丈才從內殿步出，叩紅魚，誦梵經，誦畢，功德便告完滿，少女們歡呼而出，分別由她們的情侶們接回。此後，和尚便須嚴守清規戒律，繼續修行，最少得一年的時間才能還俗，如有願終身為和尚者，亦無不可。

　　在寮國，和尚是備受尊敬的；上汽車，一般人是不能坐最前面的好位子，那是給和尚留的；和尚半路上車，馬上就有人給和尚讓座，和尚從不客氣，見位就坐，這是和尚的特權。在寮國的男子，只有做了和尚後，在人們的心目中才有了地位。2006年6月有許多的寮國朋友勸說我應去廟裏做一個星期的和尚，體會一下佛家的生活，我耐心地跟他們解釋，才免去了我的剃度之事。

佛教是寮國的國教，寮國的國家主席和總理都還在和尚前下跪崇拜呢！和尚一般都有修養、有學問，懂英語，有的還會說中國話，可以和你交談。在我剛來寮國時，我在湄公河的那棵菩提樹下為人畫肖像，剛開始我常常迷路，和尚曾多次地送我回旅館，有時還送給我畫紙和顏料，有些高級的畫紙我至今都捨不得用，因為那是和尚送的，是帶有祝福的。

在寮國，老百姓一年三百六十五天，除了每天的布施和逢年過節到廟裏拜佛外，幾乎每週都有拜佛的日子。寮國的佛寺，不但是宗教之場所，亦是人民教育的中心；寮國過去沒有學校，人們要讀書識字，則必須進入佛寺；佛寺即學校，主持便是校長，僧侶便是老師。寺內每天有一定的課程，功課由淺入深，逐年進展，除授以文化知識外，還教給做人的道理。因此，經佛寺教育的寮人，便養成了循規蹈矩、性情和藹的性格。他們講話溫柔，語調平和，沒有人會在公共場所大聲喧嘩，也沒有人在大庭廣眾下高聲地大打手機。在寮國，對於我們習慣在與人見面或告別時的握手，尚未普及流行於社會，他們慣以合十躬首向對方致禮，稱為高尚文雅的禮貌，僧侶對俗家則不還禮。

在1975年寮國解放以後，政府深知教育的重要，一方面努力抓好普及教育，另一方面積極提高教育水平；在鄉村普遍增設學校，培養師資，從幼稚園、小學、中學、大學都得以蓬勃發展；在寮國，上學是免費的，大學更是如此。聯合國教科文組織給予寮國最優惠的待遇，每年都有許多的高中畢業生考送出國，免費留學深造。我的一個朋友，是寮國蘇維埃友誼醫院的護士，明年將赴越南留學骨科專業，學期五年，她說，在學習期間除了不交學費外政府將給她每月一百五十美金的生活費。

寮國的學校，每年只放一次假，假期是在雨季農忙時期，長達兩個半月之久；各省的教育當局則利用此時召集教師集中培訓，增強其師資力量和教學水平，從而達到提高教學質量之目的。

善良純樸的寮國人，每日都生活在滿足而溫和的社會裏，伴著湄公河的清脆鐘聲，履行著自己對於佛教和本民族的義務，銅鐘一聲聲地響徹在湄公河的西邊，加快了走向繁榮與富強的步伐。

說起寮國的美術史，曾經有一位法國畫家獻身於寮國的繪畫事業，那還是在寮國的法殖民地時期。他的名字是Mare. Leguay，出生於1910年，1935

年他身背畫箱，隻身來到寮國，開始了再現寮國風情的油畫創作和美術教育事業。他是第一個來寮國的外國畫家，所以路走得很艱難，他的作品色彩對比強烈，鮮豔明快，很能表現亞熱帶雨林的風光，是典型的法郎西畫派風格。後來他娶了一位寮國女子為妻，畫了很多反映寮國婦女日常生活的油畫創作。在他的妻子去世不久，他也在2001年相繼去世了，他將他的全部財產和所有的繪畫作品委託法國大使館處理。因沒有繼承人，法國大使館將他的財產全部贈送給寮國政府，寮國將他的作品視為國寶，只在博物院裏展出，多少錢都不賣。我是第二個來寮國的外國畫家，我將在中國學習的那套俄羅斯畫派的畫法結合Mare. Leguay的法郎西畫派風格，以理智嚴謹的結構，再現與表現相結合的藝術處理方式；豪放的筆觸，鮮明的色塊，厚厚地堆在我的畫面上，畫面厚薄對比強烈，給人產生共鳴。我站在Mare. Leguay的肩上，在他的基礎上融入我那紮實的基本功，我不斷地學習，不斷地提高，所以很受人們的青睞。我覺得藝術的道路不過只有兩條：一是娛人耳目，這是小路；二是振人興奮，這才是大道。我在寮國到底不是第一個吃螃蟹的人，所以味道會更加鮮美；在郎勃拉邦一個專賣我在寮國的民族風情油畫創作的畫廊裏，他們的說明書是這樣介紹的：「陳琳，一個來自中國的印象主義畫家，一直在追求他新的靈感，寮國的多民族風情文化吸引了他，多年來隨著對寮國的進一步深入瞭解，這裏的生活方式和民族風情成為他創作的主題和源泉，他被稱為『人民藝術家』，那是因為他為寮國普通民眾作了數以千計的繪畫，我們期待著他新作的誕生。」

在繪畫創作上，我經過了多次的洗練，兒時在母親的啟蒙下，遙望天空，天空一片火紅，雲彩變幻莫測，我懷著無限的憧憬，度過了有趣的塗鴉時代。

年輕時一味地追求基本功的紮實，下了很多的功夫，走了不少的彎路，才知道自己是一片空白。於是背起畫箱，幾乎走遍了中國的山山水水，才懂得應尋找一個適合於自己的創作源泉和環境，於是來到了寮國。一開始，人們見了我的作品，都說我畫的是中國人在表演寮國的風情，我很傷心和苦惱；又經過較長時間痛苦的文化洗練和思想更換，深入寮國底層，學習他們的風俗，瞭解他們的歷史。終於我被他們認可了。

　　2006年11月，我畫了一幅骨瘦
如柴的修行老和尚油畫。金黃色的
背景襯托著目光和藹，嘴角略帶微
笑，兩腿輕鬆地盤坐，雙手自在放
在膝蓋上的長者。這件作品我想表
達的是這位經過長期修煉的靈魂，
終於頓悟走出迷茫而獲大自在，但
已是油燈枯盡，只剩下一副堅硬的
骨骼和無我無形之心……。

　　在作品完成後，我將它掛在畫廊
的中央，時不時地來回走動並站在
畫前欣賞這一新作，一副得意忘形
的樣子。

下午黃昏時分，萬象瓦粘村的幾個婦女手托銀盤，懷抱鮮花相繼進入我的畫廊，她們面色莊嚴，心懷虔誠。

我不知所措，立即起身相迎，誰知她們並不理會我的好意，在我剛完成的和尚油畫前鋪開了她們帶來的地毯，紛紛雙膝跪下獻上香火和供品，然後口中念念有詞地做起了祈禱。

幾天了，天天都有人來此上供。我看著這些供品越來越多，不知應該如何處理，心中起了煩惱。這新鮮的水果讓人垂涎三尺，偷吃了吧，又怕得罪神靈。

最後我還是學著《西遊記》裏的豬八戒乾脆當起了「淨壇使者」，從此不用再做飯了。

一個月後，《KPL》法語新聞報將這一趣事當做新聞給報導了。值得慶幸的是在報紙發行的當晚，一位伊朗人將該畫買走了，不然的話，我的畫廊真的就要成為廟堂了。一個月來的煙薰火燎我都快成為臘腸了，每日裏那沒完沒了的供品吃得我目光呆滯，臉色發綠。

我這裏吸引了很多寮國畫界人士和學生，歐洲人也很喜歡我的畫，法國人更加喜歡；有不少的法國人，他們的長輩曾在寮國這塊土地上創業過，他們常來這裏尋找過去的回憶。真的，只要是來寮國旅遊的外國畫家，無一不來我的畫廊看看。談到繪畫，我一臉的風輕雲淡，我很自信，情之自己，鍥而不捨。

風情寮國

湄公河發源於中國的青藏高原，自北向南流淌，流至中國西雙版納的關累為瀾滄江，關累以外為湄公河，全長4,500公里，是世界上最長的河流之一，流經中國、緬甸、泰國、寮國、柬埔寨、越南，再流入大海，與長江、黃河並列為三條姊妹河。雨季的湄公河汪洋一片，水勢浩蕩；旱季

的湄公河水落石出，呈現出一片片的沙灘。寮國是東南亞唯一的內陸國家，清晨的湄公河，實是迷人，紅紅的太陽從山的那一邊羞羞答答地冉冉探出笑臉，用她那七彩的畫筆，在水面上，畫出一道道長長的彩帶，多麼美麗的畫面啊！寮國人祖祖輩輩生活在湄公河的西邊，他們沒有過多的要求，也沒有更高的奢望，靠山吃山，靠水吃水，靠森林吃樹葉。據說寮國人是不種菜的，天氣涼快了，爬上樹，摘些水果和樹葉，所需的菜就有了。有一次，我在萬象的郊區高料寫生，村民坎木倫要我去他家作客，主人端來滿桌的酒菜，全是生的，竹編小籃裏盛滿香噴噴的糯米飯，這是寮人的主食，他們手抓一團糯米飯，捏一捏緊，就著達木烘（舂木瓜）就往嘴裏送。我拿起菜籃裏的一片樹葉，看了看，送入嘴中。咦，又苦又澀。寮國森林裏水果很多，酸甜苦澀都有，寮人全都愛吃，寮國人吃水果和樹葉很有趣，他們用鹽、味精、辣椒、糖配成調料，就著苦澀的水果和樹葉送入口中，還真是一道難以言表的美味呢。寮國人的食物極為簡單，通常是吃糯米與鮮魚，每逢過節才殺豬宰牛。燒飯用銅鍋，上面用尖底的竹籃盛米，架入銅鍋，鍋內盛水，用火燒水，將米蒸熟。或用空心的竹筒，將米和水再加一些乾椰粉、魚肉和其他的調料混合，裝進竹筒裏封蓋起來，放入炭火中，等到竹筒燒到焦黑時，飯自然熟了。劈開竹筒，將裏面的糯米飯傾在香蕉葉上，用餐時將其用手捏捏緊，蘸以用臭魚、辣椒、蔥、蒜等雜物搗爛製成的醬，送入口中。我剛來寮國時，不習慣其味，常常作嘔，但寮國人吃起來津津有味。寮國人吃飯慢（一般都要一兩個小時才能結束），邊吃邊聊，說說笑笑，興起時唱上幾句，優哉游哉，真有一番做神仙的感覺。他們做事也慢，做生意自由自在，賺錢多少無所謂；每逢週六，全家人都坐在自家的汽車上，開車去原始森林裏打獵露營了，直到週日的晚上才回家。

寮國人喜歡喝咖啡、冰茶、冰水、中國茶，還喜歡喝酒；在山裏，五、六個男女圍著一個酒罈，用竹管插入罈中吸飲，不飲之大醉絕不鬆口；至於檳榔、抽菸仍為寮國人的嗜好。

2006年春節前，我隨香港醫療隊去豐沙里省寫生，這時正值寮國老宋族的新年，我們的汽車停在萬象省的班欣合休息。這裏的河面上有一座堅固的鐵橋，是美國人架的；在寮國的解放戰爭時期，寮國人民軍從根據地川

壙高原長驅直入，直搗美軍的老窩，一舉拿下旺維央（萬榮）軍用機場，
搗毀了美軍的軍事基地，美軍被迫在這座橋的中央簽訂了停戰協議，宣告
了美軍在寮國的失敗。我好奇地向鐵橋走去，路邊樹林中幾個濃妝豔抹的
苗族少女向我拋來一個彩球，我接過彩球向她拋去，誰知她又向我拋來，
我又向她拋去，幾次來回，我的臉色一下青了，頭上直冒冷汗，預感著可
能要出什麼事。朋友跑來叫我快點走吧，晚了恐怕不好走了，於是我回頭
「卡喳」一聲給這幾個姑娘照了一張像，拔腿就跑，後面傳來姑娘們歡快
的起鬨和笑聲。在以後我的一幅反映寮國苗族新年的油畫創作中，我將這
個場面用上了。

　　從1353年建立瀾滄王國以來；1893年法國入侵，淪為法國殖民地；1940
年被日本侵占；1945年恢復獨立；1946年法國再次侵入，寮國人民經過九
年的抗法戰爭，迫使法國在日內瓦協議上簽字；但不久又被美國取代了法
國，又經過多年艱苦而殘酷的抗美救國戰爭，1962年又一次簽訂日內瓦協
定，成立了寮國臨時民族團結政府，僅1970～1972的三年中，美軍在寮國

投下了三百萬噸炸彈（如今在寮國還能看到許多的戰爭痕跡）；1972年8月，寮國人民粉碎了美軍的特種兵部隊在寮國發動的黑獅戰役和對查爾平原的掃蕩，奠定了抗美救國戰爭的勝利基礎；1974年寮國民族聯合政府成立；1975年5月美國關閉了在寮國的美援署，6月美軍撤出寮國，12月宣布廢除君主制，成立寮國人民民主共和國。

　寮國崇尚的是男女戀愛自由，每逢節慶日，青年男女都有歌舞聚會，地點多在村中廟宇後面的開闊地，這是年輕人擇偶的良好時機。晚間，少女們穿紅著綠，排成行，席地而坐；男子像將軍檢閱士兵一般，逐一選擇，看中心上人後，便蹲下身來訴以情歌。女的儀態大方，認真地聽其傾訴，如接受其愛，便和歌示意；否則，默然無聲，表示拒絕，男子便悄悄離去；彼此之間嚴守規矩，不得越雷池一步。除了這種集會外，家有少女，男友到訪，輕歌一曲，表示其愛慕之情，女方父母多為表示歡迎，悄然掩門而出，讓女兒與男友自由談情。

寮國的婦女地位很高，結婚時，一般都是娶夫入門，妻子當家作主，管理家庭的一切事務。2004年，我的小工阿西和移民局的阿連結婚，邀我去參加；在結婚的前一天，新郎和新娘在村長的陪同下去廟裏聽經、禮佛和齋僧，接受寺廟的婚前教育。

因為阿西平時管我叫「爸爸」，所以禮待較高，我被安排在裏屋，和阿西的父母坐在一起。新娘穿著的是一條寬大的沙龍（長裙），下襬是由有各種圖案的手工刺繡作底邊，在腰部作了兩次重疊，繫以純銀的腰帶，富麗華貴，披以精美的長巾由肩斜繫至腰的授帶；髮髻梳至頭頂堆起，疊成塔型，高聳挺直，插上金簪；赤腳，戴上耳環。這是寮國婦女的傳統裝束，她們走路目不斜視，說話輕盈如歌，真有一種文靜端莊之美。

婚禮的場院內歌聲陣陣，男女們自由舞蹈，歌聲宛轉悠揚，舞蹈輕曼斯文。因為我這時扮演的是長輩，所以不敢放肆。一陣鞭炮過後，新郎阿連頭插茅草，手提戰刀，下裝著直角絲巾，在腰間圍繞做了兩重捆紮，然後將底端向後抽回至胯下，鉤掛於腰圍間，形成一種燈籠褲的式樣；上穿短袖花邊窄衣，著以傳統的寮國男子裝束，酷似遠古出征戰士，大有風蕭蕭兮易水寒、壯士一去不復返的感覺。在眾多的壯男親友簇擁下被女方的嬌女親友攔在了通往阿西家的大路上，女方一長老用新酒灑在新郎的腳上，雙方載歌載舞，相互敬酒，女方的人就是不讓男方前進一步，男方的親友發起了幾次的進攻，才得以過關，來到阿西的門前。女方的親友又圍了上來，阻止新郎進入，男方的攻勢這一次更加的猛烈，他們圍困了領頭的長老，衝了進去。在新郎情歌一曲後新娘和以情歌，並接過戰刀，置於正堂的刀架上，女方則用長長的紅綢拴住新郎的手，將新郎引之登堂入室。婚禮便舉行在僧人的面前，親友們席地而坐，堂屋中央有兩個銅盆陳列，盆內置滿禮物和雙方親友的祝詞；一對新人對面而坐，捧持盛有糯米的銅盆，由村長牽手，傳看結婚證書為之撮合。僧人誦經祝福，將一條彩帶置在一對新人的肩上，然後親友紛紛給新人拴線祝福，婚禮於是宣告完成，新郎從此就將生活在新娘家了。然後就是親友們歌舞用餐，這樣一直要熱鬧三天。

如夫妻之間，丈夫遠出，三年音信斷絕，妻子則有權改娶；丈夫疑妻有外遇，便以花束置於枕邊，試探妻子對花束的取捨棄置，而做出離合之答覆。

山裏的寮國人，過去不懂得醫療衛生，有病時只能找那些略知一點藥物的人或巫師治理，死亡率較高。那時的人極怕傳染病，因為人們不知其病之故，以為是鬼魅作祟，故將死者投入江中。寮國人有相互扶持的好習慣，村中有人生病，全村的人都聚集在一起，為病者想辦法，如果大家都認為非藥物能挽救，瀕於絕望時，則請巫師作法，誦經消災。誦畢，取來一碗米，中間放一枚雞蛋，再將一撮米撒在雞蛋上，米紛紛掉下，留在雞蛋上面沒有掉下的，數其數，確定是什麼鬼魅作怪。如是惡鬼，即招來全村的人，實施其驅鬼之術。人們扮裝鬼神，擊鼓鳴樂，手舞足蹈，大吹大擂。然後巫師施法，在病人的身上亂摸一通，使病人大受刺激，有的出了一身的冷汗而痊癒，有的則受不了這種刺激而死。這都是過去的事了，現在寮國的醫療衛生工作已得到了很大的提高，各省都有很多的醫院，也有不少的外國醫療專家在寮國工作，還有許多的專科醫院，有了病，他們都在寮國治療，一般不用出國看病。

我的老伯吳酒樽，廣東潮州人，生前跟隨寮國前國家主席凱桑·豐威漢鬧革命，一直為他做廚師，他的廚藝高超，寮國前國家領導人都喜歡吃他做的菜。在凱桑·豐威漢去世後，便開了一家餐館，常常是客座滿盈，生意很好。他對凱桑·豐威漢很懷念，每隔幾天，就要帶我們去凱桑紀念館，在凱桑·豐威漢的塑像前鞠躬獻花。他的女兒吳妙蘭是現寮國中央婦女商業聯合會的財政部長和女婿（土庫曼斯坦人）開了一間真絲地毯廠，全是手工操作。我在2003年剛來寮國不久，便在這裏設計地毯和寮裙，產品大都銷往歐洲。2005年6月，老伯因病去世，走得非常地瀟灑，他向我們揮揮手，囑咐我們要相互幫助，說了聲「再見」就乘鶴西去了。寮國人信奉佛教，以為人死後是魂返西天，故用不著過分地悲哀。我們將老伯抱起，與其換了新衣，灑以香水，放一枚銅錢在老伯的口中，親友們各自將自己的錢拿出來，讓老伯拿著，然後全身裹以白布，經和尚誦經後入殮。棺木高大別致，外棺為塔型，淨白色，鑲以金、紅圖案，色彩鮮豔奪目。我們在棺木四周放滿各種鮮花，貼滿老伯在世時的生活照片。寮國的葬禮，一般是普通人停棺三至七日，長官貴族、富有者則停棺一個月，有的甚至一年。在停棺期間，喪家每晚招集親朋好友，宴飲談天，打牌娛樂，吹打彈唱，為之送行，陪伴死者行走在漫漫的黃泉路上而不至於孤獨。

寮國的葬禮有三種：火葬，土葬，水葬。火葬是中等以上有錢人家使用的，寮人認為，人經火化，死者靈魂隨火焰可以像乘磁浮列車一樣直接到達西方極樂世界；一般火葬都是在廟裏舉行，那裏有專門的火化地，堆上材木，將棺木放置上去，由僧人誦經後引上火種，便燒起來了，濃煙滾滾；你只要是聽到「吱」的一聲，再見濃煙從廟裏沖天而起，就知道是一個靈魂上天去了；再由喪家出錢，由廟裏在寺的周圍修建一座精美小塔，用以存放死者的骨灰，逢年過節都可以去祭祀。在寮國，人們是不在野外埋葬死者的，每座廟裏都有許多的小塔，這都是一個個歸西的靈魂在這裏接受佛祖的供養，享受天堂的樂趣。不管你在世時地位有多麼的高，有多少的財富，在這裏都是一律平等的。在山裏，貴族或富有者之喪事，則由僧侶來擇定山野曠地，布置火棚，放置棺木，張燈結綵，由親友臨涖觀禮，僧人在棺木四周環坐為死者誦經，再灑聖水於棺木之上，敦請一位長老或官員，用寶劍挑開棺木，割破裹屍的白布，重新蓋棺，舉火焚燒，在場者各投材薪一束以助火勢，直到火棚燒塌，火漸熄滅，才告結束，隔日揀回骨灰，置於廟堂供祀，更有富者，在火葬前要到泰國曼谷求取火種。土葬是一些貧窮人家，無力舉行火葬，不得已才採用土葬的辦法，但在寮國的老宋族中，一般還是舉行土葬的。水葬則對於一般死於非命者，將屍體投入湄公河餵魚就可以了。

　　在寮國，人們視頭部為最神聖之處，除父母、高僧、達官貴人外，他人絕對不得觸及頭部，包括兒童亦是如此，不得以身體某個部位掠過他人頭部。寮國人在待人方面是非常謙虛禮貌的，他們在你面前走過時，都會躬身而行，表示不得已而為之的歉意，婦女經過他人的面前時，尤其注意這種禮貌。

　　寮國人口的男女比例相當失調，女多男少，由於傳統風俗，女的要有很多的錢才能結婚；一般是娶夫進門，戶主當然就是女人了。在寮國，三十多歲至四十多歲的未婚女子很多，她們錯過了結婚的年齡，就不太再有更多的機會了。我這個單身來寮國的男人，自然地成了她們追逐的對象，我眼花撩亂，目不暇接，無所適從。繪畫是我生命的全部，是我的尊嚴和驕傲，姑娘們沒有激起我的花心，我只是不停地畫畫。我認定，地方性就是民族性，民族性就是世界性，藝術是沒有國界的。我在這裏偷獵寮

國的民族風情，實在是其樂無窮啊！在首都萬象，人妖也很多，她們是一群變性的男人，常出沒在湄公河邊的酒吧、舞廳裏；她們身材勻稱，比例協調，濃妝豔抹，苗條風騷，但說話的聲音仍很粗，和男人一樣。她們喜歡唱歌，很好聽，舞姿也很美；你稱呼她「普少」（姑娘），她很高興，如你喊她「普腮」（男孩），她將小嘴一噘，不再理你。我不知道她們在生理上是否和女人也一樣？一次，一個人妖走到我的面前，和我搭訕玩笑，我好奇地伸手突然抓住她那碩大而挺拔的前胸，越拉越長，我很失望，原來只是一只填滿棉花的胸罩。

狂歡寮國

潑水節這一天，我全副武裝，用油彩畫了臉，戴上墨鏡，端起我從街頭買來的長管水槍，身背水箱，酷似一赴阿富汗維和戰士，跨坐在我寮國朋友用來出征的車頭上，全車都是荷槍實「彈」的男女。我們的出征很熱烈，載歌載舞，起鬨歡唱，汽車沿萬象街頭慢慢地行駛，我「殘暴」地抱起長槍，看見人（尤其是女人）就給她們一陣「無情」的掃射，她們用桶子向我潑水，有的用小塑膠袋盛水向我投來。我連中數「彈」，衣服全濕透了，但心裏樂滋滋的，我完全地忘記了自我，感覺時光在倒流，我又回到孩提時代，瘋狂地水仗，盡情地狂歡。寮國的這幾天，全國都被水的「人民戰爭」所覆蓋，不分男女老少、官職大小、長輩晚輩，大家盡情地歡樂，潑水祝福。我們的汽車總是要停在人多的地方，人們早有準備，我們表現得非常地勇敢，攻破了一個個用水組成的堡壘，一直到下午四點，才來到湄公河邊。我們草草地吃了一點東西，每人喝了一瓶啤酒，在湄公河裏痛痛快快地洗了一個澡，接著又開始將河邊的沙子一粒粒堆得有一米多高，然後用雙手輕輕地拍緊，「切不可用腳哦，這是規矩」，我的寮國朋友告訴我。再插上拴有生肖圖案的竹枝，我們圍沙而坐，聆聽和尚念經，預祝來年風調雨順，五穀豐收，好運亨通，人畜興旺。寮國奉行的是佛曆，以釋迦牟尼誕生之日為紀元，比西曆耶穌基督早於五百四十三年。每年4月，約在中國農曆清明節後的十天，便是寮國的新年—潑水節，舉國上下，放假三日，相互潑水，以示慶祝。

潑水節又稱宋乾節（「宋乾」意為求雨），是寮國民間最隆重的節日；潑水節正值雨季即將來臨，人們乞求來年雨水充沛。說來也很奇怪，這隆重的節日一過呀，上蒼似乎垂聽應允了人們的乞求，非常地靈驗。即使是晴日當空，萬里無雲，往往也會突然一聲霹靂，天空頓時風起雲湧，滂沱的大雨傾盆而下，雨過天晴，大地立即涼爽適人。寮國的雨季大都是暴雨，十幾分鐘至幾個小時不等，很少有連日下雨的，暴雨送走了乾燥和炎熱，宋乾，「送乾」我想就是這樣來的吧。

佛曆新年的第一天，人們舉行彩車遊行，第一輛彩車載著巨大的佛像，繼之七輛彩車隨行（寮國人以三、五、七、九為吉利數），每輛車上都站著一位化裝的「宋乾女神」；人們站在路邊，載歌載舞，用香水灑向佛像與「宋乾女神」，僧人則用樹枝蘸著從佛像身上流下的聖水，灑在人們的頭上，所受之人雙手合十，默默祈禱。寮國人有放生的習慣，這時人們要購買雀鳥龜魚，放生於森林與湄公河裏，以示善心，並祈求一年中的罪孽得到諒解。要禮佛齋僧，將家裏製作最好吃的東西，施捨給化緣僧人；家家都要採集鮮花，串成花環，繫於寺廟或佛的身上；用自製的香水，去九個廟裏洗佛、拜佛，祈求來年平安幸福，諸事順遂。此時各寺都請出大小佛像，供人禮拜，人們見佛就拜，非常地虔誠。用一束鮮花，蘸上香水灑

在佛像的身上，這就叫洗佛；再用銀製的小盆接回從佛像身上流下的水，這就是「聖水」，將其拍在自己的頭上，祈求好運；再將聖水帶回家，灑在各處，祈佛保佑闔家平安。之後，還要去九個廟聽經拴線，人們跪在寺院的主殿，手腕上繫著一根，另一頭繫在殿堂中央的花盆內鮮花之上的白色紗線，和尚的手中也同樣牽著一根這樣的紗線，以便將資訊傳達給在跪的每一個人，人們席地而跪，紗線呈放射狀向周圍延伸。因紗線有限，沒有繫上線的，只要將手搭在繫線人的身上，也能與和尚接通資訊，傳達佛意。和尚雙目微閉，嘴裏不停地念著一些我聽不懂的經文，殿內齊聲傳出一陣陣非常有節奏的歎息，大概這就表示和尚的經論與祝福已經通過紗線心領神會地傳達給了聽經人，並融化在聽經人的血液了吧。聽經之後，人們將從家裏所帶來的供品奉上，再去第二以至第九座寺廟重複同樣的活動。回到家後，再將家裏的佛像請出，施以洗佛之禮；然後晚輩給長輩拜年，可得紅包。之後，各家都會請來和尚或會念經的人來家裏念經，大家相互拴線祝福；他們將白線拴在手腕上，男左女右，通常是繫三個結，一邊繫，一邊說一些吉利的話以示祝福。最好的祝福方式莫過於潑水了，從頭頸傾盆倒下，被潑的水越多，你今年的運氣就越好，如潑水節都過了，你還滴水未沾，那你今年就可能將要倒楣了。同時寮國人認為，在過去的一年中，難免會做一些污濁之事，潑水以洗淨一年的污濁，潔淨人身，邁入新的一年。年輕人在路邊、道口、自家門前，隨便地攔阻行人；男子專向女子潑水，女子專向男子報復。潑水節是女人欺負男人的大好日子，大家喜笑顏開，雙方心甘情願，有的還將車停在你的門前，笑嘻嘻地讓你盡情地潑，走時雙方還合十施禮，禮貌道謝。更有青年男女，藉此談情說愛，調戲玩樂，增進友誼。在潑水節中，孩子們最盡興了，三天的潑水，他們最痛快；一群群的孩子，端著水槍，大街小巷，肆無忌憚，不分老幼，到處掃蕩。一次，我被一群孩子包圍，我抱頭蹲下，他們「彈」無虛發，全都打在我的身上，我們都很開心。

寮國是一個佛教王國，其主要是「小乘佛教」和「原始宗教」，還有就是「基督教」與「婆羅門教」。據說1353年法昂王（方紅普國王）建立瀾滄王國以後，王后是柬埔寨吉蔑王的公主娘巧肯雅，法昂王恭請吉蔑國王派高僧來寮國傳播小乘佛教。這是第一個以中央集權統治瀾滄王國的時

期，他們依靠強大的軍隊，輔以小乘佛教的精神統治，在中南半島一度非常強盛。由於法昂王非常心愛他的妻子，在娘巧肯雅不幸去世以後，法昂王整日思念，以淚洗面，從此一蹶不振，變得非常的頹廢消沉，精神恍惚，不理朝政，幕僚們將他廢黜後流放邊疆，由其王子陶溫孟（桑森泰王）繼承王位。這是王國的繁榮時期，年輕的桑森泰王勤政安民，積極地提高國民經濟，加強軍隊的建設，廢除婆羅門教，以小乘佛教取而代之。小乘佛教得以迅速的傳播，從此成為寮國的國教，寮國歷屆政府都非常重視這一宗教組織，並將其作為宣傳、教育和團結國民的重要工具。原始宗教是寮國的一些山地民族信奉的鬼神、圖騰崇拜，他們相信萬物都有靈，對巫師特別敬重，因此，巫師的權力特別大，一言九鼎，凡事都要請巫師來主持，如今在寮國的老聽族和苗族中還非常地盛行。

寮國的基督教分為天主教與新教教徒兩種。前者是在1893年寮國併入法屬印度支那聯邦時期，傳教士開始傳播聖經，但由於寮國人大多信奉佛教，把天主教當作異端加以抵制，所以西方的傳教士只能在寮國的泰族、苗族和越南僑民中發展；新教是由美國傳入，二十世紀五〇年代，法國在印度支那慘遭失敗後，美國取而代之，其新教牧師也隨之而來，福音便在寮國開始傳播，但都由於佛教在寮國人中根深帝柢固，所以收效不大。寮國現在的基督教和中國基督教三自愛國會的政策一樣，實行的是自主、自辦、自傳的方針；外國的牧師、傳教士只能在本國僑民中傳播福音，不得越軌。現今從國外來的福音傳播者，除美國人之外，就數韓國人最多了；他們組成團隊，二十至三十人不等，在一個或多個牧師的帶領下，表演高麗歌舞和聖經節目；他們非常地執著和虔誠，在清晨的湄公河畔，我們常常可以看到以五、六個人圍坐在一起的多個小組人群，查經禱告，這多為韓國人。

西元八世紀，婆羅門教傳入寮國，曾經一時盛行，直到十四世紀初，婆羅門教才衰落下去，被小乘佛教所取代。但在民間的風俗及文學、藝術，諸如建築，寺廟的造型、裝飾等無不看到婆羅門教遺留的痕跡。如迎送朋友時雙手合十微微鞠躬和大多傳統節日、宗教儀式，都源於婆羅門教。就是寮國歷屆政府的就職宣誓儀式也還帶有婆羅門教的色彩，所以寮國的民風民俗，已形成了自己獨特的習慣，民族眾多，民俗各異，構成了多姿

多彩的人文景觀，盡都帶有各自濃厚的宗教色彩。保存完好的寮國民間文化，是如今亞洲唯一的一個自然景觀。

　　寮國的節日很多，似乎每月都有，人們都自得其樂。佛曆2月的稻魂節，是為了慶祝豐收，人們向祖先和鬼神表示感恩。佛曆3月15的涅槃節，傳說佛祖涅槃在今日訓諭了一千二百五十名門徒傳播佛教，這一天人們要用鮮花編成佛塔，到佛寺聽經，年輕人還要參加各種娛樂活動，活動要延續三個晝夜。最後一天的晚上要舉行秉燭遊寺儀式，男女老少面向佛像雙手合十，手捧蠟燭和鮮花，跟隨高僧誦讀經文。誦畢，由高僧帶領繞寺三周，第一周悼念佛祖，第二周銘記佛法，第三周感謝佛恩；大家緩步而行，伴著很有節奏的呼叫和嬉笑，真是有意思極了。

　　佛曆4月有一個較大的宗教節日，是維散頓佛節，據寮國的佛經記載，王子維散頓看破紅塵，體恤民間疾苦，將自己的全部家產分給了窮人，告別

妻兒，削髮為僧，並得道成佛。人們為了紀念他的功德，每逢4月，信徒們選出兩位德高望重的人裝扮成維散頓和他的妻子瑪提，前去迎接「神鳥」烏巴庫。人們集中在寺廟裏聽高僧講述維散頓的事蹟，最後一天才講述妻子瑪提的故事。

佛曆5月潑水節，也是寮國的新年；佛曆6月高升節，佛曆7月萬佛節，佛曆8月結夏節，佛曆9月先人節，佛曆10月祭祖節，佛曆11月解夏節（龍舟節）、水燈節，佛曆12月塔鑾節等等。寮國的政府節日有：西曆1月6日是愛國戰線節，西曆1月20日是建軍節，西曆3月8日是國際婦女節，西曆3月22日是建黨節，西曆5月1日是國際勞動節，西曆6月1日是國際兒童節、植樹節。西曆8月15日是憲法節，西曆8月23日是全國奪權節，西曆10月7日是教師節，西曆10月12日是獨立節，西曆12月2日是國慶日，西曆12月13日是凱桑·豐威漢誕辰日。除此以外，他們的民間節日更多，就是西方的耶誕節、耶穌受難日、復活節、情人節、中國的春節、中秋節等等在寮國都能感受到節日的氣氛。為此，說寮國還是一個節日王國，我看也名不虛傳，如果讓你天天都沉浸在節日裏，你的心情會怎樣呢？

佛教神像

我供奉著一尊佛，這尊佛是一位莊嚴端坐的象頭人身神像，是小乘佛教中的「藝術之神」，祂是由佛祖親自任命和派來專職負責管理藝術家的思緒和技巧的佛爺。這是在2005年由泰國一所綜合藝術院校的女院長送給我的，雖然高寬都不足兩個米厘，但和泰國所有藝術院校門前供奉的「藝術之神」一模一樣。

我向女院長請教如何供養，院長告訴我每日裏在祂的前面放上一杯水就可以了，我豁然明白這大象是要喝水的。這藝術也是如此，不然畫家賣畫怎麼又會叫「潤格」呢？

於是我用了一個杯子每天一次為其換水，果然十分地靈驗，這「藝術之神」對我真是非常照顧，多少年來讓我沒有停止地一幅接著一幅地往下畫，大腦的記憶體也不停地一頁一頁地往下翻。

一開始，我非常認真地堅持著給「神象」每日更換新水，但有時也由於

忙於工作忘卻了我那「藝術之神」的需求。乾脆，我找來一個大水瓶，每週一次地裝滿一瓶水讓祂慢慢地喝。我發現這也沒有什麼不好，「神象」仍很垂顧於我，進而我用一大盆，一月一次地更換新水。我看「神象」很高興，我就像一隻會下蛋的母雞一樣，油畫作品一幅一幅地往下產。

不久，朋友又送給我一尊「招財女神」，一位漂亮的姑娘始終抬著左手笑著向門外招手，但這位「招財女神」卻沒有給我招來多少錢財而招來了許多的世界各國藝術家朋友。雖然我們大多都語言不能相通，但仍然還是建立了深厚的友誼，因為藝術本身就是一種語言，不需要任何的翻譯，有不少的朋友也教給了我許多的繪畫技巧和訣竅。

還記得我剛出國不久，兩個月內就有小偷光臨我宿舍四次，最後連半鍋的飯也被偷端走了；身無分文，只得又沿街擺攤畫像，在整整一年的煉攤日子裏，風吹日曬。

意外的是這個小國家很快就有了如同神話般的傳說，我至今都不知道這到底是出於什麼原因，「那個昆景（中國人）會畫畫，是一個庫巴（大和尚）轉世」。於是很多人都來找我畫像，就連拾垃圾的窮人也要湊上一點錢來讓我畫上一幅頭像掛在家裏，說是會有「吉福降臨」。我不管是真是假，來者一一照畫不誤，就這樣我畫了很多很多的頭像。

一日，來一小孩，手裏抱著畫夾，還帶著一人充當模特兒，尾隨著許多的裁判，要和我比賽畫畫，一爭高下。我看了看孩子的畫，的確是一個小天才，造型還比較準確，只是不得法，可惜的是沒有很好的指導教師。小孩纏著我，一定要和我比比，得出個一二來，我揮了揮手說：「比什麼，我又不和誰爭高論低，你比我畫得更好。一邊玩去吧！」孩子一直不走，於是我收拾畫攤先走了。從此，我再也沒見過這個孩子和這一幫人了，就從這以後，我就開畫廊了。

我其實並不堅強，有時也很沒有出息，也常後悔為什麼踏上了這條繪畫之路，藝無止境，這是一條無邊無限漫長而崎嶇的小道，沒有盡頭。我很苦惱但也很開心，同時還喜新厭舊，對於時間長了的作品，恨不得將它撕了。2010年前的作品，幾乎都賣去了歐洲和其他的國家。2010年，台灣的朋友說不行，以後要找陳琳的作品，還得從外國人手中去買。於是將我2010年後的作品全部買下，他們對我說：「你的作品仍在中國。」我很高

興，也感謝朋友們真誠的幫助。

我的朋友張惠龍，是寮國的華僑，他對藝術有一種特殊的愛好，是一個藝術品收藏家，他收藏的古錢幣、郵票、民間藝術品之多，在寮國可算是首屈一指的了。他常來我的畫廊裏和我聊天和探討繪畫藝術，對我的油畫愛不釋手，已收藏了我的好幾幅油畫作品。他出生於寮國，對寮國的民間文化、風土人情有所研究，我們常在一起討論寮國風情。守夏節這一天，他告訴我，從守夏節到解夏節這三個月，是寮國佛教徒最關鍵的日子，信徒們要潛心修行，僧人要嚴守三個月的臘期，這期間，人們要專心悟道，僧人不得擅離寺院。在這三個月中，寮國沒有人結婚，沒有人惹事生非，沒有人喝酒，也沒有人亂花錢，街上除了遊人之外，寮國人一般很少出門。在這期間，夜色的萬象和湄公河就顯得格外的寧靜，此時湄公河水勢氾濫，給河灘留下一層鬆軟肥沃的淤泥；水退後，人們以此作為肥料種植莊稼，可獲好的收成。因而寮國人將湄公河視為「聖河」，故在河水開始上漲和退落時都舉行慶典，以此感謝上蒼的恩賜。從守夏節到解夏節期間，要舉行五次祭奠活動，最後兩次是合在一起舉行的，也就是龍舟節和水燈節。

龍舟湄公河

寮國龍舟節是一個非常隆重的日子，家家張燈結綵，戶戶歌舞昇平；寺廟裏鐮刀斧頭的黨旗、青天白日的國旗飄揚（在寮國的每個節日中，寺

廟都要掛黨旗和國旗）。寮國人喜歡喝啤酒，不分男女老少，個個海量，在這節日裏，家家啤酒堆集，人人喝得開心。這讓我想起我的美術創作老師，中國新疆美術家協會主席哈孜·艾買提，也是一個啤酒桶。從早晨喝到晚上，他大肚能裝，連尿都不去撒一泡，如果他來寮國，我想就有人敢和他對飲了。

　　龍舟節的湄公河，人們要舉行賽龍舟活動，寮國中央最高領導人和政府整套班子要員、外國駐寮大使都要蒞臨觀賽。每村都派出一條龍舟，寮國人的集體榮譽感特別強，人們奮勇爭先，都想取得龍舟節的名次。龍舟節一般都驕陽似火，湄公河堤人流如潮，人頭攢動。寮國人衣著傳統盛裝，載歌載舞，欣喜若狂。龍舟開賽，岸上一片喧嘩，各村的啦啦隊齊聲助陣。我看此時觀賽的人比龍舟上參賽的人更為激動。龍舟節已進入中國的冬季，這一天一過，上天再不給大地一滴雨了，所以這裏的氣候又顯得非常的暖和，十分地宜人。龍舟節的當天晚上，也就是水燈節了，湄公河堤人山人海，人人手裏都捧有蓮花水燈，來到河邊，在燃放爆竹之後，點燃蠟燭，許上一個心願，將花燈放入河中。河面頓時一片繁星，忽明忽暗，花燈隨波漂蕩，蔚為奇觀，人們載歌載舞，通宵達旦。每年的水燈節，我都要放一盞花燈，願上蒼給我力量和靈感，來年能創作出更多更美的作品；保佑我遠在中國的家人平安，願老人健康長壽，孩子學習進步。花燈將湄公河映得通明，漆黑的天空，相印著人們心中的火花，湄公河被裝點得格外壯觀。我眼望著花燈在湄公河裏漂呀漂呀，隨水流一直向南前行，再將一個個的心願送入大海，我祈求上帝垂聽人們的心聲，將一個個的願望都給予實現。

　　我的好朋友同南·哈新，攝影藝術家，在寮國中央任職，他的許多作品常出現在寮國的各報刊雜誌，寮國許多國家領導人的新聞照片，大多都出自他之手。他對藝術有獨到的見解，所以他的作品往往是構圖驚人，色彩和諧，造型獨特。他常給我提供一些可看性的寮國民族風情資料，真是我的良師益友，也收藏了我不少的作品。他約我在塔鑾節去采風收集創作素材，於是我身背畫夾，手提

相機，乘坐他的轎車，出發前往塔鑾（「鑾」在寮語中是「臣大」、「皇家」的意思），這是皇家之塔，寮國的象徵，人民的精神支柱。我們由於創作的視點不一樣，到達塔鑾後就各自尋找自己的目標去了。這一天我畫了許多的速寫，大都用在了我後來的創作上。第二天他背著手提電腦來到我的畫廊，給我看了他的攝影，我被他的一幅塔鑾全景驚呆了。雄偉壯觀，金碧輝煌，讓他表現得淋漓盡致，以後我借鑑了他的手法，畫了不少的塔鑾油畫。

塔鑾節

塔鑾始建於1560年賽塔提拉時期，歷時六年才完成這一傑出的佛教藝術精品，保存至今，還真是件不容易的事呢，這是寮國的國寶，傳說這裏埋有釋迦牟尼的胸骨舍利。西元前400年以前，阿梳卡王為八萬四千名僧侶在印度完成佛教學業後，返國剃度之日舉行以現在萬象塔鑾的場地為中心的慶典活動。又傳說佛祖釋迦牟尼圓寂後留得舍利（梵語「遺骨」）84,000斛，所以塔鑾建築群占地面積8,400平方米。塔鑾節為時半月之久，是全寮國最為莊嚴和盛大的節日，每逢佛曆12月中旬，全國僧侶和信徒從寮國各

地紛紛擁入塔鑾，頂禮膜拜，其虔誠之舉，讓人感動。人們要攜帶各種食物、香燭、鮮花、金錢等向僧人布施，民間要在塔鑾廣場組織大型的物品展銷會，晚上還有電影、歌舞、文藝、體育等各種文化活動，整個塔鑾廣場熙熙攘攘，熱鬧非凡。我幾乎每晚都要去看看，一天晚上，我有幸欣賞了一場越戰時期的越南黑白電影，電影裏的越南民族為抗擊美帝國主義的侵略而奮不顧身，英勇作戰，保家為國的精神，讓人肅然起敬。

　　塔鑾節的准日，也就是節日的最後一天，我起了個大早，清晨四點來到塔鑾，塔鑾靜悄悄的，沒有一點聲音，我暗暗慶幸是第一個來到了塔鑾，心裏樂滋滋的。不料，當我走進塔鑾廣場時，舉目一望，大吃一驚，十幾萬信徒早已整齊地坐滿了廣場，竟無一點聲息，安靜的好似無人一樣。前蘇聯電影《這裏的黎明靜悄悄》裏，還有幾隻青蛙在談情說愛呢，我看這塔鑾的黎明靜悄悄，十幾萬人在座，連蟋蟀也都關閉了歌喉的電門，讓人頓生肅穆。難道這就是佛祖的力量？

　　東方的天空現出了魚肚白，將塔鑾深色的影子對比得格外強烈，一個聲音從塔鑾的低音喇叭裏傳出。溫柔而和諧的聲調，拖著長長的音符，劃破了寂靜的長空。這是塔鑾的高僧開始誦讀經文，人們低頭默默地聽、靜靜地悟，連小鳥也都閉上了眼睛。

不知道是什麼時候，太陽被置於塔鑾的底座後面，放射出萬道金光，將塔體映得光芒四射，寮國的國家領導人開始參拜塔鑾了，接著就是各國駐寮大使們的參拜。2004年的塔鑾節，我看見中國外交部長李肇星也來參拜塔鑾，可惜我那時沒有相機，沒有留下這個資料。然後，人們魚貫進入塔鑾，舉案齊眉，獻上供品，頂禮跪拜。晚上，當塔鑾用它那直指長空的塔尖頂著月亮時，人們舉行秉燭遊塔活動，我也在其中，數萬支蠟燭，伴著人們的祈禱和在高僧帶領下信徒們齊聲誦讀佛經，給人一種精神的震撼。寮國在發展，寮國一定能快速地發展。

人們說，寮國很神秘，其實也並沒有你想像的那樣神秘，當你走近她的時候，她的面紗也隨之揭開了，一切都是那樣的和諧，那樣的美好，那樣的令人心醉。

淚灑中國城

2003年7月1日的清晨，噩夢將我帶入一個奇妙的世界，彷彿我背著畫箱孤獨地行走在曠無一人的森林裏，一道小溪從無盡幽深之處緩緩流出，匯入一池清澈見底波紋蕩漾的山泉之中。我跳入泉中，全身清爽至極，縷縷似有若無的清香徐徐彌散，我閉上雙眼，愜意地呼吸。一個尖腮猴嘴的女魔瞪著蛤蟆般的大眼，瘋狂地想要吞食我，我拚命地跑，奮力地與她搏鬥。林中一棵參天大樹伸出蒼勁而粗糙的雙手將我舉起，越舉越高，直入雲霄。突然，一陣緊促的敲門聲把我從夢中驚醒，我連衣服都沒有來得及穿，翻身起床，就去開門。幾個寮國員警和民兵迅速擁入我的室內，室內滿地的畫稿，他們查遍了屋裏的每一個地方，問我為什麼就一人居住？我說我是單身來到寮國的，沒有同伴，他們仍然不相信，又查了一遍，確定只有我一人後，讓我出示護照和寮國的居留證、工作證，我如數地出示了證件，他們讓我去院內集合，我穿好了衣服，下樓來到院中，這裏已經集中了不少中國人，有湖南的、安徽的。員警當場抓走了幾個四川的偷渡者，這時我才發現荷槍實彈的員警已經將我們居住的地方圍了個水泄不通。我見員警嘩啦嘩啦地向我們訓話，大概知道他們是要驗明我們每一個中國人的身分。員警給了我們每人一張收條，將我們的護照、居留證、工

作證放在一個箱子裏，全部收走，並要求我們分別去中國城的村公所裏說明情況。然後長官一聲令下，員警收兵回營。後來經打聽，在寮國的中國人的證件全部都先後被員警收走了。

村公所裏每天都有值班的員警，我按要求去村公所說明來由，他們認真地記錄了我的闡述。一個員警走過來跟這位正在記錄的員警耳語了幾句，給了我一支水筆和一個筆記本，要我到一邊去給長官畫一幅速寫。我乖乖地用幾筆線條將他畫了下來，簽好字後雙手將筆記本遞給了長官，起身想走，誰知又遞來一個筆記本，又坐下一個員警。他們不讓我走了，派人買來一堆筆記本，我將他們一個個地畫完後，索要我的證件，長官要我再拿出一百美金，才能將證件還我。我非常地委屈，第二天就去移民局說理，誰知也是如此，同樣是為他們畫筆記本，畫完後仍不還我證件。我十分惱怒，心想，再讓我畫，我就要亂畫了。但冷靜地想了想，縣官不如現管，我還是應該去找收走我證件的長官。為此我過了幾天後才又去找他們索要證件，一個小員警多次企圖從長官的箱子裏將我的證件偷出來還給我，但都被長官發現了。是不是由於有員警為我說情的原因，十多天後，長官網開一面，讓我只花了三十美金贖回了我的所有證件，為答謝他們，我又多給了十美金讓他們買水喝。其他中國人的證件仍還在他的箱子裏，據說有的證件被扣押了一年後才還給了本人，全都收了贖金。這都是我剛來寮國時所發生的事，為此我心裏有些不太痛快，發誓再也不住在中國城了。

1987年一場意外的大火將寮國的達拉連（晚市場）和周圍的民房化為廢墟瓦礫。1993年由中國昆明五交化公司、香港橡膠集團、昆明國際信託投資公司組成考察組赴寮國萬象考察被火燒掉的達拉連。在中國駐寮國大使館的協調和昆明市政府的支持下，由昆明五交化公司出資二百二十萬美元，在被火燒掉的達拉連廢墟上興建新的商業中心大廈。7月該專案獲得寮國國家投資委批准，開始了專案工地的清理和準備工作。1996年7月，由昆明國際信託投資公司購買了全部股東的股份獨資註冊了寮國萬象鴻瑞公司並負責該商業大廈的項目經營。公司委任彭建昆為總經理，在彭總的多方努力和協調下，完成了工程的建設。10月26日，舉行了達拉連商業中心的開業慶典。1999年，由寮國貿易部簽發批文，改達拉連為「寮中友誼商品城」，支援大規模進口中國商品的批發和零售，使商場成為以中國商品

為龍頭的集散地，萬象的中國城由此而得名。這裏是大陸中國人集中的地方，這裏的語言交流是以中國普通話為主；中國城裏琳琅滿目，各種商品應有盡有；來自中國各地的商人，以租賃的形式，向鴻瑞公司租得攤位，將中國各地的貨品源源不斷地運往這裏，再批發出去，遍及整個寮國各省。越南、泰國、柬埔寨的許多商家，也是這裏的常客，是因為這裏的貨品價廉物美，有很大的利潤空間。有時我問彭總感慨如何，彭建昆總經理總是搖搖頭：「國外創業，感慨萬千。」是的，在這裏我看見了多少中國人的發跡，也看見了多少中國人的衰敗，勝利和失敗的淚水交織在一起，其滋味我想用語言是沒有辦法表達的。1997年的亞洲金融風暴，致使商城門庭冷落，商戶關門停業，整個商城僅七戶業主，商城免費提供攤位也無人問津。這使彭總一班人陷入了極度的困惑，領導班子調整經營格局，公開向國內企業招商，以中國的商品特色打破泰國商品壟斷寮國市場的格局。自從商城確立以中國商品為主的方針以來，中國商品的銷售額日以進增，並走進了寮國的千家萬戶。中國商品由少到多，由低檔（甚至假冒偽劣商品）到高檔，由不被寮國人認識到受歡迎，中國城經過了蕭條、興旺，再蕭條、再興旺的過程，起步擠占寮國傳統商品市場，已經取得了初步成功的經驗，其辛苦是不言而喻的。寮國中國城今天的繁榮，我們要感謝彭總一班人和許多開拓者的艱苦努力和奮鬥精神。現在萬象的第二個中國城已在2007年8月建成開業，為擴大中國商品在寮國的需求又增添了新的舞台。這是東南亞最大的一座中國商品城，總占地面積約十八萬平方米，集購物、休閒、住宿、餐飲、娛樂、倉儲於一體的中國商品綜合市場。

一天我有幸拜訪了新中國城（寮國三江國際商貿城）董事長丁國江先生。我問他為什麼來了寮國？他回答的只是一個「敢」字，敢於探索，敢於冒險，敢於創新是許多成功商人的共同特點，這個「敢」也貫穿了他數十年的經商生涯。

2003年寮國政府在中國的猛臘邊境和寮國的那堆設立了第一個自由貿易經濟特區。丁國江先生憑著多年經商的敏銳眼光，與他人合作投資九十萬美元，建成了三萬平方米的貨物中轉倉庫，與中寮海關配合，為中國貨物進入寮國提供了極大的方便。

隨著寮國的經濟日益發展，人民的生活水平不斷提高，原中國城商品

的規模和檔次也遠遠不能滿足寮國人民的消費需求。丁國江先生又推出力作，投資一千八百萬美金，打造了這個東南亞最大的中國商品城。從1998年以來丁國江先生憑著良好的信譽和這個「敢」字，成功地創造了許多的商業奇蹟，被大家推選為寮國的中國商會秘書長，受到前來寮國訪問的胡錦濤主席、溫家寶總理的親切接見。

　　我是一個幸運兒，2003年8月，我的大姊吳妙蘭（寮國婦聯中央財政部長）接受了一項為寮國總統府製作地毯的任務，讓我為其設計地毯。我第一次進入總統府，從總統的臥室到議事廳，分別丈量每個房間的面積。大姊吳妙蘭在湄公河邊給了我一幢小樓，非常地安靜，我一個人在這裏，用了三個月的時間，設計了總統府二十八個房間的地毯圖案，幾個月下來我眼睛都畫腫了。看了看作品，我心裏又非常地高興，這是我心血的結晶。晚上老伯吳酒樽做了魚翅湯，我美美地喝了兩碗。從此我搬出了中國城，由於我一直工作都很忙碌，除購買生活用品外，很少再去中國城了。

　　地毯設計圖經討論定稿後，接下來就是要製作了。由於部分地毯太大，大姊吳妙蘭主張在越南製作，而我卻提出去中國大陸製作。心想寮國總統府中的全部地毯是由中國人設計並在中國製作的，這將是一件非常有意義的事。為此我們開車去湄公酒店的中國大使館經濟參贊辦公室諮詢，接待我們的是一位姓賀的參贊秘書。我們在外面的客廳裏坐了很長時間，賀秘書才從內室步出，挺起他那不夠肥大的肚子，故作大腹便便之態，坐下後問我有多少地毯。我說二十八張，要求手工，材料必須是真絲，其走廊的地毯就不記其數了，賀秘書說：「太少了，中國人不願做。」然後蹺起大腿，端起茶杯，左手的拇指和食指作清點鈔票的姿勢。我明白了，看了看大姊，大姊面無表情，賀秘書又問我們：「有錢嗎？」大姊說：「沒有，我有許多的地。」然後大姊拉著我就走，出門後只是搖頭。回家以後我心裏一直不舒服，賀秘書其醜陋之舉我只在電影裏見過，不想，在現實生活中讓我看到了，很久都在我腦子裏徘徊，揮之不去。我很羞愧，無地自容，心裏總有一種愧疚感（這都因為我是一個中國人）。以後我再也不過問此事了，也不知後來地毯是在哪個國家製成的？只是聽說我設計的一幅題名為《北部遺產》的地毯獲寮國民間藝術品金獎，金牌現在大姊家。

　　一天我有幸獲得一枚寮國前國家主席凱桑・豐威漢的袖珍像章，這是

寮國人所珍愛的，據說只有寮國的幹部才有資格配戴，我很珍惜。但見老伯吳酒樽對凱桑・豐威漢的懷念，我很感動，就將這枚像章送給了老伯，老伯高興極了，將之視為珍寶收藏。在老伯快要去世時，他讓我們把他收藏的凱桑・豐威漢的像章戴滿了他的前胸，他要精神飽滿地去見他的老上司、老戰友，重新再為他下廚做飯。

傳奇豐沙里

2005年4月，我確定我收集的素材和掌握的寮國民間風情知識已經可以長期地創作和開設畫廊了。於是，我在萬象的市中心、湄公河畔的坤武隆路租得一間門面，開始了我的創作和畫廊生涯。一開始，我非常地擔心，不知前景如何？也不知道會不會有人來買我的畫？生意能不能讓我餬口？我戰戰兢兢地給我的啟蒙恩師胡繼傑打電話，恩師鼓勵我大膽地幹，並從郵寄送給我十幅他的作品，支援我開設畫廊，於是，我有了主心骨，大膽地

開始了創作的生活。恩師胡繼傑，湖南人，現在中國新疆退休，由於他繪畫的風格非常地豪放，用色相當地大膽，筆觸粗獷，造型嚴謹，作品給人一種對於生活的嚮往。人們給他一雅號—「糊日鬼」，是因為他的繪畫風格。俗話說「人無綽號不出名」，我喜歡他的綽號，更喜歡他的繪畫風格。1977年，如果不是他的一封電報發往塔里木沙漠深處告知我參加複試，我將沒有上學深造的機會。今天，如果沒有他的支持和鼓勵，我也將沒有成為畫家的勇氣。

在我的畫廊開業的當天，迎來的第一個顧客是聯合國教科文組織的

一位官員，法國人。他用很低的價格將我兩幅最心愛的油畫作品買走了，其中的一幅是我畫的寮國苗族小女孩。我忍痛割愛，含淚送走了我的這兩個「孩子」，在悲傷一陣後，又非常地高興，我的藝術到底被人認可了，暗暗地慶幸，我的作品終於有了屬於它們自己的生命，從此有許多顧客光臨。幾天後，為了紀念我開張的第一個顧客，我憑記憶給這位官員畫了一幅素描頭像，至今還高高地掛在畫廊門內的玻璃上。我這個人真是沒有多大的出息，當每次送走我的作品時，我都要叮囑顧客好好地愛護，都要悲傷很久。因為我賣出的作品，都是原創，都是孤品，都是我生活的結晶。不久，《KPL新聞報》的記者造訪了，以較大的篇幅在報上對我進行介紹，接著又多次地採訪、多次地報導。我在這裏給寮國的總理、泰國的國王、公主、馬來西亞的首相等畫了肖像；我不定期地下鄉寫生，參加寮國的一些宗教活動，累積生活資料，增加創作素材。

一位朋友告訴我，在寮國豐沙里省的山寨裏，住著一群這樣的民族，他們頭紮方巾，身著圓領漢袍，腰繫中國傳統圖案的繡帶，腳穿中國古式皂靴，說話「之乎者也矣焉哉」，所用的文字則是中國古典的傳統繁體字，很像小說《水滸傳》中的人物裝飾。我很奇怪，這是一個什麼民族？為什麼居住在這裏？

終於有一天，我拜見了豐沙里華僑理事會的副會長王培中先生，王副會長給我講了這樣的一個故事，說是明末吳三桂開關引清兵入侵，長驅直入，直搗雲南，被清廷封為平西王。明朝廷最後退至昆明，明皇朱由郎被迫吊死在昆明的湖畔小亭裏，這樣一來，那些效忠明皇的皇室後裔、文武大臣、財主富商、才子佳人則失去了主心骨，在吳三桂大軍的步步逼近中，退至今天的寮國豐沙里，安營紮寨，招兵買馬，訓練軍隊，伺機反清復明。由於此地山勢險要，地處偏僻，日復一日，終無戰事，後雍正皇帝詔書招安，也由於他們矢志不渝的反清復明決心而拒絕進京做官。詔書保存到現在，仍然還散發出朱砂香味的「奉天呈運，皇帝詔曰……」的行書還靜靜地躺在繡有龍紋圖騰的黃色絹繡上，如今完好地保存在現豐沙里省省長李平翁家裏。年復一年，清皇帝似乎忘記了這裏的一群明朝後遺，從此他們閉關自守，建設家園，勞耕織作，這都是一批飽學之士，將傳統漢學一代一代地往下傳。他們不知共和，不知民國，也不知中華人民共和

國，與世隔絕，日出而作，日落而息，恰如陶淵明筆下的桃花源一般生活。每逢中國的傳統節日，他們張燈結彩，殺豬宰羊，衣著明朝盛裝，舉行中國的傳統典禮，甚是隆重。

如果你中國古典文學有基礎，你將能聽懂他們的語言，他們會好奇地問你怎麼會寫他們的文字？笑你盡寫錯別字，因為他們不知中國的簡體字。而你說出的話他們卻不能聽懂，是因為你的普通話他們從來不曾聽說過。他們是一群由明末文豪教育出來的文物，不知能不能申請文化遺產？也希望中國政府能關心這群已被遺忘了的中國明朝「古人」，讓「反清復明」的幽靈從此有個安息，那家家戶戶正堂屋上高高懸掛的反清牌匾得以落地收藏。

在學校讀書時，常有關於玄學與繪畫的講座，中國的繪畫，離不開「老莊」哲學。記得一位日本客座教授曾這樣說：「修真乃是繪畫的精髓。」老子在《道德經》中曾有「道生一，一生二，二生三，三生萬物」之論述，「丹道即三返二，二返一，一合於道。」中國的繪畫用筆用墨極於講究，墨分五彩，行筆運氣，體現畫家精氣神的返還過程。用筆化氣，用筆化神，用筆還虛，用筆合道，破劫化虛，是畫品的最高境界。西方的繪畫由於所用之材料具有極高的可塑性，基督教的思想貫於其中，在西方第二次工業革命以後，畫家們擺脫了精神的束縛，思想得以解放，於是就有了「文藝復興」。思想活躍的畫家們如妖魔脫離牢籠，盡感事物之新鮮，於是也就隨心所欲地去表現，創技法於世界之巔，將整個繪畫材料發揮得淋漓盡致。這些世界級的大師們站在歷史的高度，真正地不生不滅，得以永生。

我的朋友陳秋雄一直都在勸說我，要我選擇一個適當的時間、適當的地點，靜心地思考，以致作畫形神合一，心無雜念，充分地去領悟大自然，從而達到外師造化，師從自然之目的，進而能使自己在藝術造詣上得以提高。2009年4月17日，也就是寮國潑水節後的第一天，我背上畫夾和行李離開了萬象，又一次來到郎勃拉邦，準備去豐沙里採風寫生，同時也了卻自己對豐沙里的嚮往之情。一大早我就去香通寺，討得一杯洗佛的聖水灑在我的頭上，祈求一路平安。然後找了輛計程車，去了離市區幾十公里的大光西瀑布，面對一洗而下的山泉，聆聽著森林的呼吸。

我靜靜地坐在一塊石板上，慢慢地打開速寫本，注視著近在咫尺的幾個

老撾戲水女孩。這時，空氣中飄來一陣清香，我恍恍惚惚，神志悠然，背面的石壁彷彿亙古以來便存在於此，感覺石壁遍體小孔，無窮無盡的山泉從小孔中不斷湧出。我融化在水中，完全覺察不到自己的存在，腦中一片空白，畫筆無力地掉在潮濕的地上，我再已無法繼續作畫了，只好將速寫本合上，沿著上山的石階，一步一步地登上高山頂上。倚著一棵大樹，仰天眺望，一朵白雲從碧藍的天空深處向我飄來，停留在我頭頂的樹尖上。我眉心一凜，順手摘了顆樹下鮮紅的野果，放入口中，甜絲絲的，不一會便感舌尖麻木，全身沒有了一點力氣，我心知有異，便抽身離去，無力地下山往回走，搭乘計程車，天黑才回到郎勃拉邦。

是夜，我一直作夢，不斷地在同一個夢裏苦苦掙扎，有時撕心裂肺，有時肝腸寸斷，痛苦至極。突覺電光一閃，忽覺一人坐於我的床前，一絲不動，我猛地一驚，睜開雙眼，四下是一片幽暗的沉寂。我覺得奇怪，決定馬上就離開郎勃拉邦。

第二天，我昏昏沉沉，打不起精神，無力地坐上了去豐沙里的汽車。汽車一路盤山而行，穿越原始森林，我覺得胃中翻騰，好像有點暈車，無心觀看窗外的景色。上眼皮與下眼皮直是打架，無奈只好倚窗睡去，一覺醒來，已是下午五時。一座雄偉壯觀的城市，屹立在寮國海拔最高的普法山主峰西南側的山脊上，海拔1,380米，城市順山勢而上，甚是美麗，這就是豐沙里，一座典型的山城。

這裏是中寮邊城，離中國猛臘只有幾十公里，中國總領事館曾設在這裏。相傳明末皇族後裔、王孫貴族、文臣武將、財主富豪、才子佳人，被清兵追剿至此。明朝官兵伺機反清復明，所以，豐沙里城市規劃是以兵陣布局，每個關口險要，都有重點建築。陣式複雜，內藏殺機，重重疊疊，玄機四伏，一夫當關，易守難攻。年復一年，終無戰事，於是，他們就堅守到了現在，被寮國劃為小漢族，而他們則視之自己才是純正的「漢家」。

21日早上，朋友陳秋雄從台灣打電話來，告訴我一定要去半盤亞西看看，那裏離豐沙里只有幾十公里，民族風情格外淳樸。然後可從孟誇坐船去金三角會曬，叮囑我一定要小心，也不要急著趕路，慢慢地走，細細地看，認真地想。

　　這次采風，關心我的還有台灣成功大學的林憲德教授，他是中國綠建築創始人，不少相關著作和論述，深受行內驚歎。一美國綠建築專家，談起他便眉飛色舞，滔滔不絕地給我講了許多他的故事。林憲德是我難得的朋友，也是我的良師，我每創作一幅油畫作品，都要Email發送給他，然後由他給予點評，我受益匪淺。他也是一位民族風情愛好者，曾在中國貴州一住就是一年，研究苗族文化，對苗族文化有深刻的研究。

　　我在豐沙里的一個巷子裏寫生，這裏的建築，除了部分法式建築和吊角樓外，大多都是中國傳統式建築，很多的街道，很像中國的麗江，只是沒有那麼多的小橋流水。一位老人給我送來一杯茶水，我很感動，一邊喝茶，一邊和他聊天。老人姓羅，名克成，他給我講了一個鮮為人知的故事。

　　那一年是雞年，日本兵占領了老撾，戰爭打得很激烈，也很殘酷。中國國民黨93師開進了豐沙里，師部就在這城對面的叢林裏。93師徵用寮國民工，運輸彈藥，從豐沙里到哈沙20公里，再到孟誇、伍德十天的路程，民工們不辭勞苦，行走如飛，向前線輸送槍彈。日本兵身著黃色軍服，一路姦淫燒殺，如一群豺狼一般，所到之處，老百姓無不遭殃，93師奮力抵抗，死傷無數。

　　在日本兵攻克豐沙里的那天，城裏城外火光沖天，到處硝煙瀰漫，槍聲炮聲震耳欲聾。93師傷亡很大，羅克成老人的一個鄰居，當天上午將大兒子送上前線後，中午戰死；又將二兒子送上前線，兩個小時後二兒子又戰死沙場；鄰居含淚將剛滿十歲的三兒子又送上前線。羅克成老人說：「可憐啊！三兒子在第二天天還沒亮，又為國捐軀了。」最後在日本兵攻下豐沙里的那一刻，鄰居瘋了，全家出動，手舞砍刀，找日本兵拚命，全都死在日本人的刺刀下。聽到這裏，我的眼眶濕潤了，我打斷了老人的談話，問：「那93師呢？」羅克成老人哭了，哇哇地放聲大哭，「死了，都死光了！只剩幾個人，跑了，跑回中國了。」

　　最難過的是日本兵占領豐沙里的兩個多月，一位寮國婦女剛生下孩子，就活活被日本兵蹧蹋至死，又將剛出生的孩子挑在槍尖，然後掛在一棵樹上，鮮血從樹梢一直流到樹根。日本兵順勢又占領了中國的猛臘。

　　正因為這裏是戰略要地，後美國人又輪番轟炸，最多一天，美國出動十架飛機，五架用機槍向地面掃射，五架用炸彈轟炸。最多一次，豐沙里一

天死了五十多個老百姓，還沒有算上寮國軍隊的死傷人數。

在美國占領寮國期間，美國根據拉丁文拼音創造了寮國苗族地區的文字，以此廢除寮國文字在該地區的流行，並加以推廣，成為寮國上寮地區的通用文字。但豐沙里的「漢家」們拒絕接受美國對寮國的文化改革，在本民族中言傳身教，傳承了漢家的古典文化。由於美國占領寮國的時間不長，這一措施沒有得成，但還是給現在的政府在統一文字上造成了很大的不良影響。

美軍占領豐沙里有四個月的時間，還是被英勇善戰的豐沙里人趕走了。羅克成老人說到這裏，面部露出自豪的表情，他說：「我就是當年的游擊隊員。」是的，寮國是一個多災多難的國家，歷經幾十年的戰爭，1975年才走向獨立，獲得了真正的民主與自由，如今正以快速的步伐走向繁榮。

由於這幾天的勞累，我的痔瘡犯了，我忍著疼痛，找遍了豐沙里城裏全部的藥店，買不到治療痔瘡的藥膏，只好作罷，採取食療的方法。我讓飯店給我做苦瓜吃，同時去山上採集了一些草藥，又沒有煎藥的地方，只好將草藥含在嘴裏，嚼嚼嚥下，然後回旅館休息。同路的兩位義大利人讓我和他們一塊去哈沙，我說我暫時不能走了，需要再休息幾天才能上路，於是，我們只得分手。

翌日，我感覺好多了，於是我租了一輛嘟嘟車，從豐沙里往深山裏行進，沒有了公路，只是一條簡單的機耕小道伸向無盡深幽的叢林深處，到了一個地名叫半盤亞西的寨子，我告訴司機，不要走了，就在這

裏停下吧。這是一個寮國普努外民族居住的山寨，全寨四百多戶人家。豐沙里人是靠種茶為業，一山連一山的茶樹，飄散出陣陣的芳香，讓人陶醉在這茶香深幽之境地。半盤亞西是古茶樹基地，遍山都是四百至五百年的老茶樹，茶樹足有臉盆粗細。我問司機托萊：「有沒有千年茶樹？」托萊說很少見。我看著這綠碧欲滴的茶葉嫩芽，不知不覺，已垂涎三尺，順手摘了一顆杏子般大小的茶果，撥去皮後，放入口中，其味清香爽口，涼颼颼的，勝似一杯濃茶入口。寨民刀散請我們上吊角樓喝茶，我求之不得，急忙上樓，在火塘邊坐下，刀散給我們泡的是五百年茶樹上的老茶，其味醇厚，入口清爽，苦中帶甜，滿嘴清香，回味無窮。我向刀散求購了1公斤五百年老茶，便沿山寨速寫，這天我收穫很大，畫了很多的山寨風光，可惜的是我沒有看到很多的人，寨民們都上山採茶了。

回豐沙里的途中，托萊帶我去了寮國中央副主席阿三老李的老家作客，阿三老李的家在豐沙里城的半腰。我走進他家的正屋，找了個地方坐下，他家人給我端來茶水，和我寒暄起來，他們噓寒問暖，甚是親切，並關照我要注意安全，保重身體。豐沙里人對阿三老李非常地尊敬，凡他們認為是尊貴的客人，都要帶到阿三老李家坐坐。

由於我所持護照不能從這裏進入中國，想了想，只好改道，由水路從勐夸到巴本然後再坐船從郎勃拉幫回萬象。

采風寮北

動身去哈沙，汽車經過兩個多小時後才下得山來，到了南烏江畔，這裏有一個碼頭，江面很窄，但水流很急。行船不到一米寬，二十多米長，窄長窄長的機動小船，像魚一樣，穿梭在急流險灘之中。我到哈沙街上一打聽，一位從中國四川來的小夥子告訴我，說是哈沙沒有旅館。我沒有辦法，只好買票坐船去勐夸，一路船行，我心情十分地緊張。我真佩服駕船的老大，如此窄小的江面，水急灘險，有時一個浪打來，差不多都快把船吞食了，但我們的船仍像燕子穿梭在雲層裏一樣，靈巧而安全地駛過重重險灘。經過長達五、六個小時的漂流，終於到達了勐夸，這裏山青水秀，四周山巒連綿起伏，雲霧縹緲，好似神仙般景地。我激動萬分，就在碼頭

旁邊找了家旅館住下，然後拿著速寫本就在碼頭上畫起來了。這個碼頭的確是一個好地方，來往的行人很多，都從這裏擺渡過河，各種民族的不同裝束都看得到。只是當他們發現你在畫他的時候，他們要去梳洗和整理好衣著，然後擺出姿勢，才讓你畫，失去了自然的風貌與情趣。

傍晚，河邊又是一番天地，姑娘、小夥子下河淋浴，打情罵俏，戲水作樂，將整個河面鬧得個天翻地覆。小孩子們更是開心，光著屁股，在人群中竄來竄去，這才是人性的真實表現，美不勝收。我對寮國有一種特殊的感情，在這裏生活的十年中，是寮國人給予了我最真誠的關懷和愛，這種愛是非常誠實與樸素的，沒有任何的裝飾和猜疑，沒有勾心鬥角和爾虞我詐。我坐在岸邊，呆呆地看著人們在這露天浴場戲水作樂，洗去一天的勞累。天漸漸地黑了下來，看著看著，我什麼都看不見了，只聽見人們的嬉鬧聲，我仍坐在那裏，陷入了無限的沉思。

我出生在赤水河下游的一座酷似希臘金字塔，名為丁山的高山腳下的一

個破舊古祠堂裏。左邊有一座名為南天門的大山，將那有力的臂膀伸向奔流不息的赤水河，右邊則是名為先市的沿河城鎮，後面是一座叫筆架山的山峰。這是一個陳姓供奉祖宗的古祠，我出生在黎明前的黑暗中，我發現陳氏先宗們用那關注的目光看著我，「哇」的一聲，我被他們嚇哭了，彷彿一個聲音對我大喝一聲：「這個嬰孩，不必喧譁，賜你陳姓。」我回過神來，止住了哭聲，呆地看著那青濛濛的神像投來蘊含溫和的眼光，略有羞赧地對祂撇了撇嘴，安靜了下來。是的，這古祠是不會有孩子能在這裏降生的，我是例外，獲此殊榮。赤水河也和南烏江一樣，水流湍急，洶湧灘險，我從小也在河裏游泳戲水，甚是快樂。

這裏的人們好像是欠我點什麼，還未誕生，就被一椿冤案纏身，以致我從小就性格怪誕，不敢相信任何的人。

我成長在一座叫廟高寺的寺廟裏，在那裏讀書，在那裏啟蒙，情願不情願地也就做起了「和尚」，以至於我今天總是在畫和尚。我渴望上學，求知慾特強，但不得其願。母親想讓我學習剃頭，剃頭師傅不收我，說：「剃頭是掌握人間美的，貧下中農的頭不是讓你們這樣的人亂摸的。」無奈，只得送新疆求學，於是，也就學成了繪畫。剃頭師傅罵我的這句話，

讓我記了這一輩子，也激勵了我這一生，如今我不正是在創造和追求人間的美嗎。我要感謝這位剃頭的師傅，是他讓我不怕艱辛，不辭勞苦，鍥而不捨地在藝術的深海中游到了現在，還沒感覺到有多麼的累，也讓我在這人間美裏留下點腳印。

幾天後，我來到湄公河畔的一個城市「巴本」，這裏是湄公河的一個重要港口，不管是從湄公河上游或下游來的船隻，都要在此停靠過夜，第二天才能安全出行。這時的巴本街上靜悄悄的，沒有幾個人在行走，我在碼頭旁邊找了一家旅館住下，放了一點熱水，痛痛快快地洗了一個澡。我每到一個地方，心情都非常地激動，立即就要出去畫一點東西回來，以此對新的地方有個初步瞭解。我坐上一輛嘟嘟車，就去了巴本的中國市場，一下車就碰見我的一位湖南的朋友，他讓我在他家吃了午餐，也給我講了一些這裏的風情地貌，飯後我告別了他們，一個人就往離城鎮最近的一個寨子裏走去。路上的一個小賣店，有幾位寮國人坐在那裏喝酒，他們將我拉了過去，硬是灌了我兩杯白酒，我不勝酒力，臉泛紅暈，只好婉言推辭，謝絕他們的好意，繼續上路，不一會，天降大雨，我只好又往回跑。

大約下午六時左右，街上有了生氣，分別從郎勃拉邦和會曬開出的客船，先後到達了巴本，居民們個個精神飽滿，談笑風生，下河迎客。兩條船的客人大約有一百多人，大部分是歐洲遊客，分別被安排住進了各家旅館。朋友告訴我，旅遊旺季時，街上擠滿了外國人，客棧爆滿。整條街燈火通明，遊客餘興未盡，通宵達旦地喝酒作樂，旅遊業都生意興隆。第二天遊客們上船後就呼呼大睡，我看著這些已睡眠充足的遊客，猜想他們今晚又不知要折騰到多久。

這個晚上，我睡得很晚，時不時地到街上轉轉，看看這些外國人晚上在做些什麼？我看到的只是滿街酒吧燈火通明，燈紅酒綠下紅男綠女嘻笑顏開，交杯暢飲。興起時，幾個老外彈起吉他，勾肩搭背，手舞足蹈，唱起了他們家鄉的民間小調。我雖然是聽不太懂，但知道一定很美，這一定是此時此刻抒發他們內心感情的最佳方式。

第二天早上五點多，我翻身起床，拿起相機就往農貿市場走，這時附近山寨的山民陸續背著自家的土特產，來到這裏進行交易。我順著農貿市場的山坡往上爬，進入了一個苗族山寨，寨民正在起床梳洗。有幾個小孩從

山下挑水上來，一個小女孩顯得非常地吃力，我為小孩將水提上山坡後，又幫另一個小孩提水上來，孩子們嬉笑顏開。我一家一戶地走訪，家家戶戶養的狗居然都不咬我，也不對我吠出一聲，表現得十分友好。我在這裏畫了一些人物的速寫，一大群孩子圍了上來，爭著讓我畫，後來他們還帶著我去另一個山寨。這一天，我都在寨子裏轉悠，收穫很大。

朋友告訴我，「巴本」的湄公河對面山上有大象。我和一位途中相遇的朋友趙意，坐上渡船就去了湄公河的對岸，從這裏上山有些陡峭，我們沿著一條小路慢慢地往上爬。山的半腰有幾間茅屋，幾個寮國小夥子從茅屋裏出來，我向他們打聽大象的去向，他們用手一指，說：「從這裏上山，走不多遠就可以看見大象了。」我們順著他們所指的方向行進，翻過一座山就進了一個寨子，我倆在那裏休息了一會，繼續打聽大象的去向。

一會，我們在前面遇見的幾個小夥子扛著獵槍追趕我們來了，說是怕我們在山上迷路或遇見野獸，要給我們帶路找尋大象。並發給我倆每人一支槍，我拿著這支長約一米五的獵槍，比燒火棍還不聽使喚。我分別問了問這幾位小夥子的名字後，我倆就向他們作了自我介紹，於是我們就跟隨著他們向山裏行走。

潘恩知道大象在哪裏，他是一位最有經驗的獵人，所以，始終走在隊伍的最前面；普努押隊，主要是怕我倆掉隊後給大家帶來麻煩。我走山路還行，這是我小時候就鍛鍊的，趙意就不一樣了，他是台灣清華大學外語系畢業後在大陸工作不到三年的年輕人，說話文謅謅的，總是掉隊。

一條彎彎曲曲的山路兩旁，盡是雜樹叢生，我們沿山脊行進，一隻不知名的動物從我的腳下一竄而過，竄入密林深處，令我吃驚不小，心臟差一點從我的胸腔裏蹦了出來，我一屁股坐在泥裏，喘了喘氣，彷似又經歷了數十個輪迴。潘恩將我從地上拉了起來，說：「這是麂子，森林裏有許多動物，也有不少的珍奇動物，你驚擾了牠們平靜的生活。」是的，這裏是野生動物的樂園，也是牠們的國度，我應該倍加小心，遵守牠們的「法規」。

走了近四個多小時的山路，我累極了，這時我發現周圍的樹木都被什麼東西踩塌了，而且還有不少巨大的糞便，潘恩很高興，說是離大象不遠了。

不一會，我們就在一叢竹簇裏找到大象，一共七頭，牠們是一個家庭，

是一個幸福的家庭。我們只遠遠地看著牠們，生怕發出一點響聲會驚擾了牠們平靜的生活，牠們目不斜視慢慢地行走，甚是快樂，甚是悠閒。

我看著大象慢慢地離我而去，並消失在我的視線中，我的眼眶又一次濕潤了，鼻子一陣陣地酸楚。

寮國民族與文化

寮國和泰國是一江之隔的鄰國，有著割不斷、理還亂的歷史淵源，兩國人民在語言、文化、宗教信仰和生活方式、風俗習慣上都十分地相似。在泰國阿瑜陀耶王時期，兩國就曾多次聯合抗擊緬甸入侵。十八世紀以後，瀾滄王國分裂為萬象王國、占巴色王國和郎勃拉邦王國後，相繼成為泰國（暹羅）的附屬國，直到寮國成為法國的殖民地，附屬關係才告結束。

寮國有三大族群，即老龍族、老宋族與老聽族，實際上這個說法容易讓人引起誤解，因為這三個稱呼在寮語中本只是地域之分，而非族群之分。「老龍」是指在水邊居住的人，「老聽」指在半山腰居住的人，「老宋」則是指在山頂上居住的人，均為多民族的組合。「老聽」主要是克木族，「老宋」中最多的是苗族。而「老龍」占全國人口的70%，他們就代表了寮國，他包括老族和普泰。「普」是壯泰語支諸語言中「人」的意思，與泰國的主體民族是一回事。而老族共有二千四百多萬人，只有七分之一在寮國，稱為這個國家的主體民族，其餘的絕大多數都在泰國，占泰國人口的35%，是泰國最大的少數民族，也是泰東北十九府即所謂「伊森地區」的主要居民。而伊森地區對寮國而言就是湄公河對岸，換句話說，泰族、老族實際上都是兩國的跨國民族，而且兩族的大多數人都居住在泰國境內；這兩個民族本身也十分相似，寮國國內把他們統稱「老龍」的確是有來由的。首先，二者語言不僅同屬一系（漢藏語系），而且同屬一族（壯侗語族）一支（壯泰語支）；早就有人說，中國廣西的壯語與泰語相似，老語介於壯、泰之間，與泰語就更相似。其次，泰、老兩族的文字更為相似，寮國寺廟中較古老的老文「多坦」（經文），形體和拼寫均類似舊傣仂文（古泰文，現在西雙版納傣族仍在使用），而現在通行的「多老」（老文），形體和拼寫都近似當代泰文，無怪乎寮國書店都賣泰版書籍。

　　我國的壯族與老族雖然語言相近，文字卻毫無相同之處。古壯文是類似漢字的方塊字，新壯文則是二十世紀五〇年代搞的拉丁化拼音字。泰、老兩族都篤信從印度南傳的小乘佛教，文字也是從印度的梵文字母演變而來。在宗教、語言、文字之外的其他民俗，泰、老也多有相似處：兩者都隆重地過潑水節、龍舟節，傳統上都用佛曆，建築風格、飲食習慣與一些風俗禁忌也相當類似。

　　寮國人與泰國人歷史上有著長期恩怨糾結，法國人來了才把泰、寮分開，把寮、越拉到了一起。在法國人到來之前，原來古老的寮國已經解體，分裂為數個部落，均為暹羅（泰國）的藩屬。法國勢力從越南滲入後，1893年以武力迫使暹羅簽訂《法暹曼谷條約》，把湄公河以東劃歸於法屬印度支那，而大多數居住在湄公河以西的老族人仍屬於泰國（暹羅）。所以這個條約劃定的邊界既不是文化界線，也不是民族界線，僅僅只是政治勢力範圍。在寮國人民民主共和國成立初期，寮國和泰國關係曾一度惡化，寮國政府要求泰國關閉其會曬、沙灣拿吉和巴色的領事館，並在萬象以違反法律罪逮捕了兩名泰國駐寮國大使館的武官；隨後，泰國政

府也驅逐了兩名寮國駐泰國的外交官；此後不久，泰國巡邏艇和寮國邊防軍在寮國萬象和泰國廊開府的湄公河水域發生武裝衝突和流血事件；為此，泰國政府關閉廊開府一線的泰寮邊境，宣布對寮國予以制裁，禁運三百六十三種戰略物資；從此，兩國關係惡化，邊境衝突事件屢屢發生，泰國下令關閉了大部分的泰寮邊境口岸。1990年3月，泰國詩琳通公主訪問寮國，受到寮國各界人士的熱烈歡迎，這是泰國王室成員第一次訪問寮國；在此基礎上，經雙方政府的共同努力，兩國關係步入正常，進而發展為密切。

寮國人對於泰國還有一種情緒。寮、泰不僅文化相近，歷史上應該說受泰國的影響也是長期的；相對而言，泰國在傳統上文化比寮國發達，對寮國的文明有很大的影響；十八世紀後寮國長期淪為泰國的藩屬。

寮國人雖然錢少，但基本可以說是豐衣足食；論氣候，寮國水稻可以三熟，但農民只種一季，他們不吃雜糧，甚至不吃大米，而只吃生長期長、產量低而口感好的糯米；肉、奶消費不多，喜歡吃魚，蔬菜水果不一而足；寮國周邊鄰國如越南、柬埔寨與緬甸，歷史上都發生過嚴重的饑荒，但寮國從未有過。

寮國人特別愛乾淨，種地不施糞肥，尤忌人糞尿。寮國農村一般沒有廁所，但絕不能在田間方便，很多「遊客須知」都強調了這一禁忌。由於不發達的寮國不施用化肥，所以田地產量不高，但這也並不影響人民的豐衣足食。

寮國沒有戶籍制度，但農民也並沒有因此就大量湧進城市，萬象1975年時人口近三十萬，如今也不過六十萬。

萬象沒有大興工業、大量招工固然是個原因，但是萬象對於「非正規就業」並不嚴格管制，街頭攤販到處可見，卻也沒有因此導致「城市爆炸」、社會失序，見不到大片的「貧民窟」。萬象當然不是就可以到處亂建棚屋的，除了重要公共區域外，通常不需要政府來管，民間社區可以調節這種事。

萬象城裏各村（寮國的城、鄉基層社區稱呼是一致的），都是熟人社會，外來人擺攤設點、提籃賣貨、收破爛、修五金什麼的，只要大家需要就會容忍。

寮國農民沒有大量往城裏跑，和寮國人沒有大量往國外跑是同樣道理。

反觀湄公河對岸，伊森地區人口密度是這邊的五倍，雖然收入高，但生存競爭和生活壓力都比這邊大。而伊森地區比寮國雖然富得很多，在泰國仍算貧困地區，所以「伊森人」（泰國對當地老族的稱呼）到曼谷等地打工的很多。但在寮國的同族看來，這種生活方式並不那麼令人羨慕。

2009年12月我經過長達近半年的折磨，感覺作品有了變化。俄羅斯列賓藝術學院的老師送來列賓大師最喜歡喝的酒，我不敢喝，將它像供奉神靈一樣供奉在神案上。列賓是我最崇拜的油畫家之一，也是我冥冥中的導師。藝海無涯啊！我何時才能游到對岸啊。

四千美島

2010年1月，我和一位湖南的朋友鄧啟端相約去寮、柬邊境「四千美島」寫生。這裏的湄公河段有大小島嶼四千多個，如同銀河中的無數繁星，島上竹木青翠，花香四溢，椰林、柚木叢生，充滿熱帶的濃烈氣息。

我們用了兩天的時間，經過沙灣拿吉、巴色來到南嘎撒，到這已經是深夜了。渡口已經停業，我們好不容易用高價租得一隻渡船，渡船行駛在夜幕中，黑漆漆的江面上只聽見河水嘩嘩地從我們的船頭流過。我望著滿天的星星，想起了京戲《打漁殺家》，這時候如果有人真要給我們吃板刀麵，我們也什麼辦法都沒有。渡船穿過無數的小島，終於停泊在一個名叫蠻連的島上，這島上住滿了外國人。我們找到一家夫妻的名字都叫「丁」的民房住下，朋友鄧啟端下廚做飯，我們美美地吃了一餐，準備好好地休息一個晚上，明天開始工作。

早上三點多，我就睡不著覺了，起床洗刷完後，我和老鄧就出發了，沿著湄公河朝向著名的四千美島瀑布群走去。

走了很長一段時間後，太陽才羞答答地從東邊探出那緋紅的圓臉，不太好意思地慢慢抬起了頭，彷彿在為她的晚起致歉。我看著這四千美島的美麗風光，情不自禁地高唱了一聲「好風喲光嘞哎」，歌聲劃破寂靜的平原，驚起了一群白鷺。

大概是九點多吧，我們到達了目的地，舉目望去，甚是壯觀。無數的瀑布爭先恐後地向著谷底湧去，湄公河在這裏落差很大，轟轟隆隆的瀑布聲

震耳欲聾。我們來到谷底，抬頭仰視一洗而下的瀑布群，讓我想起詩人李白的「君不見黃河之水天上來，奔流到海不復回……」。我站在這湄公河四千美島瀑布群，猶如我當年站在黃河壺口瀑布，思緒萬千，無不驚歎這大自然造物者的鬼斧神工。

四千美島島嶼林立，湄公河在這裏來回穿梭，猶如進了諸葛亮的八卦陣，甚是複雜，其景色之美，堪稱東南亞一絕。我驚歎這些碧眼洋人還真會享受，將整個島嶼的民房租得個客滿為患，將這裏變成了一個聯合國，各國的語言混雜在一起，還真是分不出人們的國籍。

在離開四千美島來到巴色後，我們坐了一夜的車，早上七點回到了萬象。我收拾了一下畫廊，大概八點時，來了一位從老撾移居美國多年的婦女，她急匆匆地站在我去年畫的一幅「遠去的戰爭」油畫前，眼淚都流出來了。畫面是一堆美國殘彈上坐著一位老撾的小女孩，女孩的神色呆滯，目視前方，好像在說：美軍已經從這裏撤軍多年，如今除了強大的美國經濟外，留給我們的除了貧窮，就是這些殘彈了……。

這位婦女將她的丈夫找來，她的丈夫是一位美國人，他告訴我：他們已經等了我好幾天了，今天就可以回美國了。我看到他們是如此地誠懇，就將畫賣給了他們，婦女告訴我，這就是她家鄉如今的情景。

我有兩位不同學科的朋友，可堪稱是我的導師，就是台灣的林憲德教授和陳秋雄先生。一位是綠建築的權威，日本東京帝國大學的高材博士；另一位是營養保健專家。其實我現在非常需要的就是其他領域的知識，他們對我每一件作品都會認真地品頭論足，並提出意見，對我的幫助非常的大。林教授是一位很有思想的學者，其在綠建築領域中獨到的見解給世人留下了較為珍貴的文化。2010年2月，林教授夫妻專程從台灣來看我，是關於我的繪畫和創作之事。林教授與我商量合作編著《百越民居史觀》一書，他為此書已經準備了二十年了；該書的中文稿現已完成，進入中英文對照翻譯階段；希望我負責該書的插圖創作，用我擅長的油畫表現形式。我非常樂意做這件事，於是我們一拍即合，合影紀念，隨後我就進入該書的創作。

我的畫廊常有世界各國的畫家來訪。一日，一位澳大利亞畫家來到我的畫室，比手畫腳地給我講述油畫，我不明白他想對我說的話，似乎覺得他

是在給我講述一種特別的繪畫方法，也似乎能全部理解他講述的內容。我認真地看著他的比劃，將他的比劃理解為詳細的作畫步驟和材料、工具使用的方法。極其容易簡單，方法也非常地特別，我心領神會，直是點頭。他看我像沒有聽懂，就用英文詳細地寫在紙上給了我，待他離開我的畫室後，我非常地激動，立即將我所理解的畫法步驟和所用之材料、工具記錄了下來。然後找人翻譯他給我的紙條，待我明白了他給我講述的話後，我捧腹大笑，半天都緩不過氣來，原來這位澳大利亞畫家給我講述的是如何用石膏製作畫布的方法。

待我笑過之後，我冷靜了下來，這是我從沒有嘗試過的作畫方法呀，為何不去試試呢？我抓緊時間，連夜畫了一幅草圖。說來也奇怪，待畫完成後，效果還真的不錯。後來，我很多的作品都是用這種方法完成的。

在這期間我收到泰國政府請我去泰國的邀請函，並有一段時間的免費吃、住、行，要我快快地做出決定，速去大使館簽證。我心有疑惑，泰國為什麼會突然給我發出函件？好事怎會落到我的頭上？有朋友告訴我，泰國近日會亂，勸我還是不要去的好，於是我將這次機會放棄了。一日，我的一位泰國朋友猜倫佩找來了，一進門就問我為什麼不去泰國？我很納悶，他為什麼會知道的？他告訴我這是他發給我的邀請函。這時，我才知道他就是泰國駐寮國的特命全權大使，得知後，我吃驚不小，不敢再和他像過去那樣隨隨便便了。他要了我兩張照片，說是再重新給我發函，去泰國畫該國的風俗民情。

帶血的鈔票

2010年4月的寮國萬象，氣候與往年大不一樣，
酷熱無比，熱浪湧來，一潮高過一潮。
一個多月來，我牙痛難忍，人家說牙痛不是病，
痛起來就要人命，還真的是沒有說錯。
誰知天公又極其地對我不作美，禍不單行，
一鍋開水正好潑在了我的左手上，
那時整個手掌全都長了水泡，慘不忍睹。

茵萊湖心金塔
墨於二○一年五月
en丁 17.5.6.

2010年4月的寮國萬象，氣候與往年大不一樣，酷熱無比，熱浪湧來，一潮高過一潮。一個多月來，我牙痛難忍，人家說牙痛不是病，痛起來就要人命，還真的是沒有說錯。誰知天公又極其地對我不作美，禍不單行，一鍋開水正好潑在了我的左手上，那時整個手掌全都長了水泡，慘不忍睹。而萬象的市中心還不時地停電、停水，我無心作畫，只祈求老天能降大雨。

這雨還是沒有盼到，一場大火卻將萬象市中心桑森泰路的一些鋪面化為灰燼。區委會的幹部送來了滅火器，我購買後他們幫我安裝在我的畫室裏，以防患於未然。

2010年5月，歐盟UXO幫助寮國清除越戰期間未爆彈組織找了我多次，極力地說服我，要我也一起參加他們的活動，為世界和平出一點力，為他們創作一些關於戰爭與和平的油畫，我同意了他們的邀請。他們要帶我去越戰時美軍用地毯式轟炸的查爾平原和「胡志明小道」，親眼看看戰後幾十年來的寮越邊境，說是11月將有一百多個國家的軍方代表來寮國參加一個國際會議，並準備舉辦越戰戰後畫展，以此捐助寮國戰後被殘彈炸傷的人們。

18日的清晨，UXO的最高長官Mr. Luc Delnenville來到了我的畫室，「叭」的一聲給了我一個歐式軍禮，我不知所措，手忙腳亂地就向他鞠了一躬，我們相對而笑，都為對方的動作感到突然。

我收拾好行李，坐上他們的車就出發了，我第一次與歐盟的人在一起，心裏還有點不太自在；軍車又去接了十二位畫家，其中部分是我的學生和朋友，所以也就不那麼拘束了。

我們的汽車行駛在查爾平原，甚是平坦，公路兩旁，樹木叢生，景色如畫。這個季節的查爾平原到處都可以看到開滿紅色鮮花的樹，我雖然不知道這種樹的名字，但我知道這是用寮國人民的鮮血染成的。戰爭過去了三十多年，如今

這鮮血還在流淌，鋼價攀升、糧食短缺，許多的寮國人則從炸彈中去尋找賺錢機會。

在寮國，受未爆彈之害最深的正是那些最貧困的地區。靠天吃飯的寮國農民開始在山上、田間去尋找新的「經濟產物—炸彈」，他們家家戶戶自發地購來金屬探測器，每天都去尋找並挖出那些未爆彈，在清除炸彈的引信後他們可以當廢鐵出賣，每日至少能掙十美金。如運氣較佳，挖出了被稱為「最優質的底特律鋼材」的集束炸彈，則可掙得三十美金，當然前提就是沒有發生爆炸。在寮國的一些地方，農民們對市場上鋁、銅和鋼等金屬價格遠比大米、花生等農作物的價格更熟悉，對他們來說，周圍的叢林既是聚寶盆，更是致命區。

但是這一賺錢的結果所要付出的代價太昂貴了，至少近兩萬人因為在田間找尋未爆彈而被炸彈炸傷甚至炸亡，其中大部分都是兒童。這一張張的美鈔，不正是還在滴著寮國人民的鮮血嗎？

經過十多個小時的飛速前進，天都快黑下來了，我們來到了寮越的邊境小鎮色波（Sepone），這晚我們就在這裏住下了。

第二天我們進入了「胡志明小道」，這密林

叢中的這條小道，有一段時間是非常地出名的。美國人花費巨大的代價尋找它，據說直到今日美國人都還沒有完全弄明白這條小道到底是怎麼一回事？在我童年時，就對這條小道有著神祕的感覺，在那時就知道這是一條炸不斷、摧不垮的鋼鐵運輸線，因為我在小學時的文藝宣傳隊裏演出過這樣的節目，當時我扮演的就是寮國小民兵。

在色波(Sepone)的小河上，有一座鐵橋，我們的車在鐵橋邊停下了，橋下停靠著許多用美軍轟炸機碎片敲製成的船隻，船體細長細長的，我想，這一定是寮國民兵的戰利品，我摸了摸船身，心裏有一種難以言喻的感覺。

我們在這裏停歇了一會兒後，到達了猛隆，走不多遠，又遇一條小河，這條河上沒有橋，汽車不能行駛。於是我們就赤腳淌過小河，來到對岸的一個叫班孔江的小村莊，這是一個叢林中非常美麗的村子，奇怪的是這個村子裏的人都聽不懂寮國話，所以交流起來非常困難。這個村子裏的女人大多不穿衣服，裸露上身，給人一種天人合一的自然美感。我拿著相機在這裏到處拍照，突然一位村民攔住了我，說是不能亂走，當心腳下有炸彈。我嚇了一跳，立即回到大路上來，不敢再離開人群半步。沒想

到這麼美麗的村子裏如今還存在著戰爭的威脅。

這位村民告訴我，在一個寒冷的早晨，鄰居的小孩阿普和其他幾個孩子圍坐在一個火堆旁取暖，大概是因為火勢讓地面溫度升高的原因吧，埋藏在土裏的一枚炮彈被引爆了。飛散的碎片炸傷了他們，三塊碎片射斷了阿普的右臂，另外四塊碎片則深深扎進他的腿裏，家人找來村裏唯一的一台拖拉機，花了一個多小時才將他送到最近的醫院。醫生為他做了兩次手術才取出彈片，但仍有一枚指甲大小的碎片如今還留在阿普的大腿裏，手術花費了五十美金，這是他父親全年種地收入的一半。因未爆彈受傷的遠不止年幼的阿普一人，根據寮國官方統計，今年上半年，至少還有一百多人被未爆彈炸傷，其中三十五人死亡，而40％的傷亡人員都是兒童。由於這樣的事件大多發生在偏遠山區，確切的數字難以統計，因而實際的傷亡數字會更高。

一位村民剛剛失去自己的妻子。那天，夫婦倆和其他的村民圍坐在一起聊天，妻子生火燒水，不幸的是，這用來生火的支架卻是一個未爆火箭

彈，妻子當場炸死，在場的幾位鄰居如今都還拖著殘缺的身軀。在班孔江的村子裏，到處都是彈坑，我們不難看出當年戰爭中美軍轟炸的情景是多麼地殘酷。

UXO送來了飯盒和水，中午我們就在班孔江的小河邊野餐，卻沒有人敢去喝一口清澈誘人的河水，是擔心河水中是否還存留著美軍化學武器的污染。雖然這樣，我們還是沉浸在這美麗景色之中，這樣的情景，我想是沒有多少人能有此享受的。村子裏的小孩們圍著我們，他們很少能見著這麼多的人來到這裏，孩子們前呼後擁，

興奮極了。我用鋼筆為他們畫了很多的速寫，在河邊與他們合影留念，我知道，我這一生也許就只能有這麼一次的機會來到這樣的地方。下午四點多，我們回到了UXO在色波(Sepone)的總部。

晚飯後，UXO又將我們帶入叢林，汽車經過兩個多小時的崎嶇山路，我們來到了歌瑪（KOKMAR）村子，UXO在這裏給村民放電影，向村民們宣講未爆彈的危險性，並向村民講解一些注意事項。放映的電影是越戰的起因和美軍的轟炸，然後又放映一些無辜村民在勞動時被炸傷的情景，他們經常這樣對寮國村民們作安全教育。晚上十二時後，我們才回到駐地維拉武里（Vilabouly）。

現今的寮國，30％以上的人正在面臨著威脅，為掙錢餬口他們會不惜冒著生命危險去尋找炸彈。戰爭期間，美國各種轟炸機在寮國投下了幾百萬噸炸彈，並且在部分地區使用了集束炸彈。然而，有三分之一的炸彈並沒有爆炸，多年來這些炸彈被落葉枯枝及泥土覆蓋著，隨時都有可能傷及無辜人群。

據有關人員稱，傷亡數字的不斷攀升與當地居民生活貧困有關，村民們企圖開墾新的農田，而這些地區都尚未進行炸彈清除。更讓人擔憂的是，很多寮國人私下收集未爆彈進行「廢品」交易和利用，他們試著拆除炸彈的引信，用炸彈殼等來製造煙灰缸等生活用具，或是製成裝飾燈具。

今天要去深山裏的村寨采風，UXO在出發前的集會時一再強調，不許我們使用照相機了，只可以用畫的表現方式記錄場景。因為這裏的山民相信神靈，如果發現你在給他照相的話，他們會說你將他的靈魂帶走了，嚴重的會有被砍頭的危險。UXO的長官特別在會上對我點名著重強調，因為我是這群畫家中最不安分的。是的，在我這半生

的繪畫生涯中，我自己也覺得有些奇怪，當我發現了好的場景和好的造型時，我的全身就會發熱，眼睛裏會放出一種光芒直射對方，常常會將別人畫得哭起來。我調皮地對著UXO的長官Mr. Luc Delnenville作了一個鬼臉，下意識地放下了我的相機，然後背起我那較為沉重的畫夾，慢慢地跟在這群散漫的畫家後面出發了。

　　炸彈，這一「戰爭」的代名詞。在寮國，人們卻把美軍當年投下的炸彈當作建築材料、製成傢俱和裝飾品，創造出一種特殊的炸彈文化。特別是中部農村地區的很多家庭裏，炸彈更是成為村民生活中的一部分，他們用彈殼做成各種工藝品，有的被當「鐘」掛在學校和村口的樹上；有的彈殼被鑽出許多有規律的小孔，當作柵欄用來圈養牲畜；更有甚者，將彈殼按照一定形狀削下來，鍍成金黃色，做成香爐，供奉在佛祖面前……。

　　在那裏，高高的吊腳樓房柱卻是美製炸彈，別致的燭台竟是廢舊地雷，槍支彈藥被懸掛在牆壁上做精美的裝飾，孩子們從小就與炸彈為伍，養牛養羊的作用竟是走在人們前面去排雷。

　　如今這「胡志明小道」還靜靜地躺在這裏，這炸不斷、摧不垮的運輸線已沒有了昔日的喧鬧，小道兩旁村落的人們安居樂業，叢林是那樣地美麗，但陰森森地更是那樣可怕，戰爭給他們留下的潛在危險至今仍在繼續。

　　在我們採訪了幾個村落後，中午在帕邦（Phabang）用餐，這裏有UXO的一個工作場地。餐後宣布紀律，然後各自簽名並寫出自己的血型，我們

要分成多個小組，分別由UXO的隊員帶隊進入炸彈區了，我還是緊緊地跟在隊伍的最後面。

進入了炸彈區，不由得讓我心中憤怒，我從未見過這麼多的炸彈，還都陷入地下深處。隊員們用探雷器探出未爆彈，非常認真而且仔細。然後隊員們又帶著我們去了河邊，這裏發現一顆重約三百多公斤的炸彈，還只挖出一個頭。我跟在小組的後面，一個不小心，一隻腳踩進了河裏，隊員猛地回頭，告訴我，河裏也有許多的炸彈，我嚇出一身冷汗。

在參觀完炸彈後，UXO給我們進行一次實地爆破演習，將他們所發現的炸彈都用雷管連接起來，轟隆隆的幾聲巨響，成功地清除了二十多枚未爆彈。村民們遠遠地看著我們，我傷心極了，他們的生命隨時都有再次被戰爭留下的炸彈奪走的危險。

在結束這次由歐盟UXO組織的采風後，回到萬象，我的心久久地不能平靜，我被現實震驚了。常常整夜失眠，我一口氣整理出五十多幅鋼筆畫，將我的所見所聞記錄下來。其中的十多幅鋼筆畫當場就被一群法國人收藏

　　了，後來又被我的一些朋友陸續討購去了幾幅，我沒敢將此事告訴UXO，在我提供給UXO的鋼筆畫時，只有二十四幅了。

　　UXO長官Mr. Luc Delnenville來到我的畫室，表揚我的熱情，鼓勵我繼續畫下去，要帶有感情去畫。他給了我三幅油畫創作的任務，為此，我開始針對寮國戰後貧民的生活進入了油畫的創作。

　　在我的第一幅油畫完成後，我立即Email將它發給我在台灣的好友林憲德教授和陳秋雄先生，請他們給我提出意見。這一幅畫我畫的是善良寮國人每日在黎明前對於佛教的施捨活動；我畫了兩位寮國人跪在一堆殘彈旁，虔誠地向和尚布施；他們將家裏最好吃的東西都拿出來，只是為了心中的一個願望，這個願望就是希望永遠都不要有戰爭；背後的殘留炸彈我將它們處理在暗部，陰森森的，這就是罪惡；一隻狗蹲在那裏，這是寮國人家

裏的狗，是和主人一起起早來參加活動的，天天都是如此。面對罪惡，他們也習以為常，無可奈何了。

　　林教授和陳秋雄批評我在這第一幅畫中的感情還不夠。是的，我是帶著旁觀者的眼光來畫的這幅畫，沒有其更深入的感情。如果這是我的國家被炸成這樣，如果這是我的家人受到迫害，如果我在這樣的環境中生活，如果……不能再往下想了。於是，我決定單獨一人再一次去戰爭的重災區川壙，重新體會寮國人的感受，尋找戰爭的記憶，將「他們」改為「我們」，改為「我」。

　　7月14日，我給Mr. Luc Delnenville留了言，買了一張汽車票就去寮國川壙的省會城市豐沙旺。我很累，就在車站的旅館裏休息了一個晚上，正好這個夜晚在下雨，非常地涼爽。這次創作同一題材的畫家有二十多位，只有我一個中國人，我一定要認真地畫，拿出最好的作品來，不能丟中國人的臉。

　　2004年我來過這裏，那時的豐沙旺，家家戶戶門前都架有機槍和大炮作以裝飾，給人一種整裝待發的戰爭場景，有些恐怖。這個省會城市一共才不到三萬人口，二十分鐘足夠開車緩緩地繞城一圈了。由於長年戰爭的原

因，整個豐沙旺周邊都散布著無數地雷和炸彈。上世紀六〇年代的越南戰爭期間，舉世聞名的「胡志明小道」就經過這裏，將大量武器裝備源源不斷地運到南越，重重打擊了美軍的侵略。這裏是「胡志明小道」的關鍵要塞，這裏的滿山遍野密布美軍的地雷和未爆物。

我找到一家中國人開的旅館住下後，隨意地在街上走了走，很容易又找到我當年住過的那家旅館。店主是寮國人，她還認識我，她的店門外和店內牆上都掛滿軍火，她熱情地讓我參觀所收集和陳列的機槍、大炮、地雷和炸彈。

從1994年起，英國的MAG（Mines Advisory Group）除爆公司開始到豐沙旺地區進行排雷工作，經過十多年的努力，終於將豐沙旺城內和周邊主要路段的地雷及其他未爆物清除。MAG公司在地面上留下了紅白兩色磚頭作為標記，紅色一面表示禁止踏足，白色一面表示安全。

不過，這些挖出來的地雷和炸彈在豐沙旺人看來卻是非常好的材料，它們大多為精良的鋼鐵製造，結實、耐用，比當地的木材強多了。於是，人們開始利用原始的運輸工具─大象，爭先恐後地將其拖回。較大的炸彈殼，用作高腳屋的底柱或是屋內的支柱；當較大的炸彈殼被搶光後，小一些的彈殼甚至是地雷殼也被當地人紛紛拾回家中，派上各種用場：燭台、花盆；至於從戰場上撿回的機槍、子彈更是上好的裝飾品，被各家各戶掛

在牆上。

　　我想，我這次的采風，應該將重點放在老撾人戰後的生活上，幾十年了，他們還是處於一種戰爭的威脅中。這裏的人們又是以怎樣心態來面對這一現實呢？於是，我一個人走了十多公里，來到一個苗族寨子，寨子裏的人大都出去勞動了，只有婦女和兒童。我一家一家地走訪，一家一家地畫，他們安居樂業，心態平衡，我畫了許多她們梳妝刺繡的速寫。一位苗族婦女給我她們作為早餐的玉米，我吃了兩個，然後又拿了一塊石頭給我看，說這石頭裏面有黃金，然後要我去她家再看看更多的石頭。我跟在她的後面走進她的家，真的有很多的石頭，她用錘子將石頭打碎後再用水將裏面的黃金淘出來。這石頭很重，我選擇了一塊非常小的，作為紀念。她要我不許告訴任何人石頭的出處，因為寨子裏的人也都還不知道這石頭裏有黃金。我答應了她的要求，告別她後，又去別的地方寫生了。我一直畫到中午，太陽很烈，於是我慢慢地往回走。

　　幾天後，我是坐夜車回來的，早上六時回到了萬象，累極了，昨晚瞌睡難熬，有三次將眼眶撞在車窗上，都腫了。我從川壙采風回來，《東盟雜誌》的主編張令驊來電話了，要我去曼谷商量下期《東盟雜誌》的內容。

在我走過「胡志明小道」的部分路程後，體會就是，我仍不瞭解「胡志明小道」。這「胡志明小道」是一條神秘的小道，一條誰也找不到的小道，一條偉大的小道。在越南戰爭期間，美軍作夢都沒有想到的，幫助越南和寮國武裝頂住美國戰機的狂轟濫炸，最後打敗裝備精良的美軍的，其實就是一條神秘的地道系統。由於這一地道系統具有太多的傳奇色彩，兼有國家戰略價值，所以，即便在越戰結束三十多年後，寮國政府仍將其視為國家機密。難怪戰爭三十多年後，當年走過這條小道的老戰士還要冒著生命危險去重走這條小道。小道上有他們灑下的鮮血，有在那裏長眠的戰友，有他們光輝的歷史！於是我創作了這幅《小白花》的油畫，以此來表達我對戰後受害者的悼念。在畫這幅油畫的時候，我刻意地注重兩個小孩的表情，畫著畫著，常讓我眼眶都濕潤了，我不知道在觀眾的眼裏是否也有這種感受？

我畫了一幅寮國人在挖出、清理完炸彈後在自由市場交易的油畫。幾天

後，Mr. Luc Delnenville 又給我增加三幅油畫的任務，這一次他要我畫UXO隊員清除未爆彈的內容，我也順利地完成。

10月20日，UXO的汽車將我的作品運走了，六幅油畫，加上前面的二十四幅鋼筆畫，一共三十幅作品。這一天正好是我的生日，我這個人從來就討厭過生日，因為這將提醒我又老了一年。因此，我得努力，珍惜我的每分鐘時間，不可以浪費，因為我現在才在藝術的海洋裏懂得一小點水性，還沒有游出名堂來呢。Mr. Luc Delnenville說我正在進行著一個美好的工作。是的，我沒有其他的能力來援助那些至今還在受未爆彈威脅的人們，但願我

的這些作品能給予寮國戰後的受難者有幫助。

　　11月9日，聯合國副秘書長Asha-Rose Migiro博士親手頒發給我一份榮譽證書，證書上說：〝This certificate of merit is awarded to Mr. Chen Lin.〞表彰我為人類和平做了一小點事。這將鼓勵我要更加努力，將我的藝術追求進行到底。就是這一天，我又收到由法國大使邀請的酒會請柬，時間是11日下午六時。

　　11日下午五時，我穿上西裝，出發到法國大使館，天氣很熱，我去的稍早了一點，有幾個法國人胸前掛滿了勳章前來參加酒會。酒會很隆重，參加這個酒會都是社會名流、上層人物，只有我一人是中國人。陸續來了近五十人，酒會正式開始，大使用法語致詞。我的寮國記者朋友來和我搭訕，我喝了很多的酒，也吃了不少的法國點心，對我來說這是很榮幸的一次酒會。

行走東南亞

作者◆陳琳

發行人◆施嘉明

總編輯◆方鵬程

主編◆葉幗英

責任編輯◆徐平

校對◆趙蓓芬

美術設計◆吳郁婷

出版發行：臺灣商務印書館股份有限公司

編輯部：10046 台北市中正區重慶南路一段三十七號

電話：(02)2371-3712　　傳真：(02)2375-2201

營業部：10660 臺北市大安區新生南路三段十九巷三號

電話：(02)2368-3616　　傳真：(02)2368-3626

讀者服務專線：0800056196

郵撥：0000165-1　　E-mail：ecptw@cptw.com.tw

網路書店網址：www.cptw.com.tw

網路書店臉書：facebook.com.tw/ecptwdoing

臉書：facebook.com.tw/ecptw

部落格：blog.yam.com/ecptw

局版北市業字第 993 號

初版一刷：2013 年 7 月

定價：新台幣 280 元

ISBN　978-957-05-2839-8

行走東南亞／陳琳 著. --初版. --臺北市：臺灣商務,
　2013.07
　　面 ； 公分. --

　ISBN 978-957-05-2839-8（平裝）

　1. 遊記 2. 東南亞

738.09　　　　　　　　　　　　102009405

100台北市重慶南路一段37號

臺灣商務印書館　收

對摺寄回，謝謝！

傳統現代　並翼而翔

Flying with the wings of tradtion and modernity.

讀者回函卡

感謝您對本館的支持，為加強對您的服務，請填妥此卡，免付郵資寄回，可隨時收到本館最新出版訊息，及享受各種優惠。

- 姓名：＿＿＿＿＿＿＿＿＿＿＿＿　　　　　性別：□ 男　□ 女
- 出生日期：＿＿＿＿＿年＿＿＿＿月＿＿＿＿日
- 職業：□學生　□公務(含軍警)　□家管　□服務　□金融　□製造
　　　　□資訊　□大眾傳播　□自由業　□農漁牧　□退休　□其他
- 學歷：□高中以下（含高中）□大專　□研究所（含以上）
- 地址：＿＿＿＿＿＿＿＿＿＿＿＿＿＿＿＿＿＿＿＿＿＿＿＿
　　　　＿＿＿＿＿＿＿＿＿＿＿＿＿＿＿＿＿＿＿＿＿＿＿＿
- 電話：(H)＿＿＿＿＿＿＿＿＿＿＿(O)＿＿＿＿＿＿＿＿＿＿
- E-mail：＿＿＿＿＿＿＿＿＿＿＿＿＿＿＿＿＿＿＿＿＿＿＿
- 購買書名：＿＿＿＿＿＿＿＿＿＿＿＿＿＿＿＿＿＿＿＿＿＿
- 您從何處得知本書？
　　□網路　□DM廣告　□報紙廣告　□報紙專欄　□傳單
　　□書店　□親友介紹　□電視廣播　□雜誌廣告　□其他
- 您喜歡閱讀哪一類別的書籍？
　　□哲學‧宗教　□藝術‧心靈　□人文‧科普　□商業‧投資
　　□社會‧文化　□親子‧學習　□生活‧休閒　□醫學‧養生
　　□文學‧小說　□歷史‧傳記
- 您對本書的意見？（A/滿意　B/尚可　C/須改進）
　　內容＿＿＿＿＿＿編輯＿＿＿＿＿校對＿＿＿＿＿翻譯＿＿＿＿
　　封面設計＿＿＿＿價格＿＿＿＿＿其他＿＿＿＿＿＿＿＿＿
- 您的建議：＿＿＿＿＿＿＿＿＿＿＿＿＿＿＿＿＿＿＿＿＿＿

※ 歡迎您隨時至本館網路書店發表書評及留下任何意見

臺灣商務印書館 The Commercial Press, Ltd.

台北市100重慶南路一段三十七號　電話：(02)23115538
讀者服務專線：0800056196　傳真：(02)23710274
郵撥：0000165-1號　E-mail：ecptw@cptw.com.tw
網路書店網址：http://www.cptw.com.tw 部落格：http://blog.yam.com/ecptw
臉書：http://facebook.com/ecptw